# 米国とイランはなぜ戦うのか？

## 繰り返される40年の対立

JN121792

菅原 出［著］
Sugawara Izuru

並木書房

# プロローグ

二〇二〇年一月三日、年明け早々に衝撃的なニュースが世界を駆けめぐった。

イラクのバグダッド国際空港で、イラン革命防衛隊（ＩＲＧＣ）の対外特殊工作機関「コッズ部隊」のカーセム・ソレイマニ司令官が米軍の無人機攻撃で爆殺されたことが報じられたのである。

ソレイマニ司令官は、イランにおいて最も人気の高い軍人であり、保守派に限らず幅広い層の国民から尊敬を集める国民的英雄である。米国とイランの対立が強まるなかでのこのような人物の暗殺は、イランからすれば〝米国による宣戦布告〟に等しい行為である。

イランのハメネイ最高指導者は「ソレイマニ司令官を殺害した犯罪者には厳しい報復が待っている」と述べて復讐を宣言。イランによる軍事的な報復の危険が高まった。

一方トランプ大統領も、もしイランが報復攻撃をした場合、「イランの五二か所を標的として攻撃する」「大規模な報復が待っている」などと述べて軍事攻撃を宣言したことから、戦争のエスカレー

2020年1月、イラン革命防衛隊の精鋭「コッズ部隊」のソレイマニ司令官の葬儀には大群衆が参列し、国民が反米で結束した。(shutterstock)

ションが止められなくなる可能性が強まった。

米政権は、イランの報復攻撃に備え、中東地域での米軍の態勢強化を加速し、米軍が基地を置くインド洋のディエゴガルシア島にB-52戦略爆撃機六機を派遣するほか、中東に約四五〇〇人増派する準備にも着手、にわかに「戦争ムード」が高まった。

中東の緊張が高まるなか、一月八日未明にイランが一六発の弾道ミサイルを、米軍が駐留するイラク国内のアル・アサド空軍基地とアルビルの計二か所の基地に向けて発射。これを受けて米国がイラン攻撃に踏み切れば、米国とイランの全面戦争に発展する危険があった。

結局、トランプ米大統領は九日の声明で、米軍に被害が出なかったことから、イランへの軍事攻撃を行なわないと発表し、全面戦争の危機は回避された。

トランプ大統領の登場以来続いてきたイランと米国の対立は、ソレイマニ司令官の殺害を受けて全面戦争直前の危機的な状況にまで突き進んだ。ひとまず現時点での戦争の危機は回避されたものの、対立の構造は残り、その後も一触即発の緊迫した状態が続いている。

イランの核開発をめぐる緊張も高まっている。イランは米国が「核合意」から離脱したことに反発し、合意義務の履行を停止し、少しずつ核開発を再開させた。合意の当事国である英仏独三か国は、合意維持のためにイラン救済策を模索したが、二〇二〇年一月一四日、イランの合意違反を非難し、国連の対イラン制裁復活に道を開く手続きを開始した。

核合意が完全に崩壊し、イランが核開発を加速させれば、〝イランの核保有を防ぐ〟ために米国がイランの核施設を攻撃する可能性も高まる。

米国とイランは、一九八〇年に断交して以来、四〇年間にわたって対立を続けてきたが、二〇二〇年に入り、その対立はピークを迎え、全面的な軍事衝突に史上最も近い危険な状態に突入している。

万が一、米・イランの「全面戦争」という最悪のシナリオになった場合、その影響はイランだけにとどまらず、サウジアラビアやイスラエルまで巻き込む地域紛争に発展するリアルなリスクがある。当然そうなれば、中東原油に依存する日本経済を直撃することになる。

さらに米国がイランとの戦争に注力した場合、二か所同時での戦争は不可能と判断する北朝鮮が、核やミサイルの危機をあおり、トランプ政権に圧力をかけて譲歩を迫る〝危険な賭け〟に出てくる可能性も高まるだろう。同様に中国もアジアでの勢力拡大のチャンスとみて行動に出るかもしれない。中東危機は、中東にとどまらず世界の〝地政学的リスク〟を著しく上昇させ、同時多発的な危機を誘発させる危険性を秘めているのである。

なぜ米国とイランはここまで激しく憎しみあい、対立するのか？　米国はイランの何を問題視し、イランはなぜ抵抗を続けるのか？　過去四〇年間の抗争の歴史を振り返り、オバマ政権時の関係改善からトランプ政権下で一気に関係が悪化した経緯を丹念にたどっていくと、〝トランプ政権がもはや取り返しのつかないところまでイランを追い込み、イランが生存をかけた危険な勝負に出ている〟という現在の危機の構図を理解することができる。

現在、米国とイランは極めて危険な「衝突コース」を突き進んでいる。なぜ、どのようにして両国がこの道を選ぶことに至ったのか。そのディープな背景を知る旅に読者をお連れしよう。

目次

プロローグ 1

米国とイラン対立の経緯 9

# 第1章 米・イラン相互不信の歴史 13

イラン対米不信の根—CIAのクーデター事件／反政府派の急先鋒ホメイニ師の台頭／イラン革命と「米国大使館占拠人質事件」／イランによる「革命の輸出」と対米テロ／イラン・イラク戦争が決定づけたイランの軍事戦略／負の経験を積み重ねた米・イラン関係／ブッシュのイラク戦争で影響力強めたイラン／スンニ派の国からシーア派の国へ／深刻化するイラン核開発問題

第2章　オバマ「核合意」の失敗　43
イランとの対話を進め、イスラエルに圧力／頓挫した「オバマ提案」／対イラン経済制裁を強化したオバマ政権／二〇一一年七月までにイスラエルがイランを空爆？／米・イスラエルが仕掛けた「サイバー攻撃」／イラン核開発進展と欧米による制裁の強化／ロウハニ新大統領の登場で再開された核交渉／相互不信を乗り越えて辿り着いた核合意／動揺するサウジと激化する中東パワーゲーム／シリア内戦を通じて勢力を拡大させるイラン／トランプ政権が目論むイラン包囲網の構築

第3章　トランプ政権の対イラン戦略　80
トランプの『国家安全保障戦略』／優先課題は「現状変更勢力」への対応／強硬姿勢一辺倒の対イラン戦略／トランプの「最後通告」／トランプを支える反イラン最強硬派／トランプ大統領の核合意破棄宣言／イランを徹底的に締め上げる／国家主権を無視した「一二か条要求」／高まるイランとイスラエルの軍事衝突リスク／ポンペオ国務長官が発表した「トランプ・ドクトリン」

第4章　限界近づくイランの「戦略的忍耐」　116
ロウハニ政権は米国抜きの核合意維持を目指した／不満を募らせるイランの指導部／核合意維持で

結束固めるEUとイラン／トランプ政権支えるネオコン・ネットワーク／動き出したイラン「革命防衛隊」／イランの対外戦略と軍事能力／「外国勢力によるテロ」に激怒するイラン／伝統的なイランの「前線防衛」構想

## 第5章　イランを締め上げるトランプ　151

米軍「シリア撤退」を表明したトランプ大統領／トランプ大統領の突然の決断の背景／「条件付き撤退」へ方向転換／「中東戦略同盟」構築に奔走するポンペオ国務長官／ペンス副大統領の反イラン演説／深まる大西洋同盟の亀裂／イランを締めつける米主導の経済制裁／隣国との関係強化で生き残りを図るイラン／イラン革命防衛隊を「テロ組織」に指定

## 第6章　イランの「最大限の抵抗」戦略　191

「戦略的忍耐」政策をやめたイラン／二〇一九年五月のペルシャ湾危機／安倍首相の訪問後、再び高まった米・イラン間の緊張／イランの「最大限の抵抗」に苦しめられるトランプ／核合意の枠内で「抵抗」を続けるイラン／タンカー護衛有志連合の発足／オバマ政権時代の国防長官が語るイランの脅威／戦争に巻き込まれたくない──中東諸国の新たな動き／エスカレートする革命防衛隊の挑発／より大胆な行動をとるイラン強硬派／ペンタゴン元イラン分析官の戦争シナリオ／軍事衝突はまたたく間に地域紛争に拡大／少しずつ増える有志連合の参加国／激化する米・イラン「代理勢力」間の衝突／再び高まる米・イラン間の緊張

第7章　軍事衝突に向かう米国とイラン　233

フランスが仕掛けた米・イラン首脳会談／制裁を強化し続けたトランプ政権／サウジの石油施設を無人機攻撃／幻の米・イラン首脳電話会談／軟化姿勢を見せ始めたムハンマド皇太子／デモ・暴動拡大で対外強硬姿勢強めたイラン／イラン「核合意履行停止」第四弾を発表／バグダッドの米国大使館襲撃事件／革命防衛隊ソレイマニ司令官の殺害／報復攻撃に踏み切ったイラン

エピローグ　267

抑制されたイラン・ミサイル攻撃／「全面戦争」は回避されたが緊張は続く／最終フェーズに突入する米・イラン危機

主要参考文献　274

# 米国とイラン対立の経緯

1953年8月、米情報機関によるイランのクーデター「モサデク政権転覆事件」発生。親欧米派のシャー・パーレビが国王に復権。

1979年1月16日、イラン革命によりパーレビ国王失脚し亡命。

1979年11月4日、イスラム主義の学生たちが米国大使館を襲撃し占拠。

1980年4月7日、カーター米大統領はイランとの国交断絶。

1980年4月24〜25日、イラン米国大使館人質救出作戦失敗。

1980年9月20日、イラクはイランへの侵攻作戦開始（1988年8月まで継続）

1982年6月、イスラエルがレバノンに侵攻。

1983年4月18日、レバノン・ベイルートの米国大使館で世界初の自動車自爆テロ発生。

1983年10月23日、ベイルートの米海兵隊の本部にトラックが突っ込み爆発。

1989年1月、ブッシュ（父）政権はイランとの関係改善を試みる。

1995〜96年、クリントン政権はイランとの貿易･投資を禁じる制裁措置発動。

1997年5月、イランで改革派のハタミ大統領が就任。

2001年9月11日、米同時多発テロ発生。

2002年1月、一般教書演説でブッシュ大統領はイランをイラクと北朝鮮と並ぶ「悪の枢軸」と呼んで非難。

2002年8月、イランの核開発疑惑。イラン反体制派が2つの秘密核施設を暴露。

2003年3月19日、米英空軍による「イラクの自由作戦」開始。

2003年5月1日、ブッシュ大統領はイラク戦の戦闘終結を宣言。

2003年10月、イランはIAEAに修正申告を提出。

2004年9月、イランはウラン転換や遠心分離機の製造を再開。

2005年1月30日、イラクで国民議会選挙。スンニ派とシーア派の対立激化。

2005年8月、強硬派のアフマディネジャードがイラン大統領に就任。

2006年12月、国連安全保障理事会はイランへの核・ミサイル関連物資や技術の禁輸を決議。

2007年3月、イランへの武器輸出禁止に加え、新規資金援助の禁止を含めた新たな制裁決議を採択。

2007年9月6日、イスラエル空軍機がシリア原子炉を爆撃。

2009年1月、オバマ大統領就任。

2010年2月、イランは20％濃縮ウランの製造に成功。

2010年7月1日、オバマ政権はイランの燃料輸入を制限し、イランの孤立を目的とした包括的制裁法案にも署名。

2010年9月、イランのコンピューター約3万台が「スタックスネット」ウィルスに感染。

2011年4月、シリアでは「アラブの春」をきっかけに抗議デモが激化し内戦始まる。

2011年11月、IAEAはイランの核兵器開発を強く疑う報告書を発表。

2011年12月14日、イラン戦争終結宣言（米軍撤収）。

2013年8月、イランの孤立改善を公約に掲げたロウハニ師が大統領就任。

2013年9月27日、オバマ大統領はロウハニ大統領と電話会談。

2014年6月、イスラム国（IS）建国宣言。

2014年9月以降、米軍の作戦と並行してイラン革命防衛隊「コッズ部隊」も対IS戦に従事。

2015年7月14日、欧米など6か国とイランは核問題の外交的解決に向けた最終

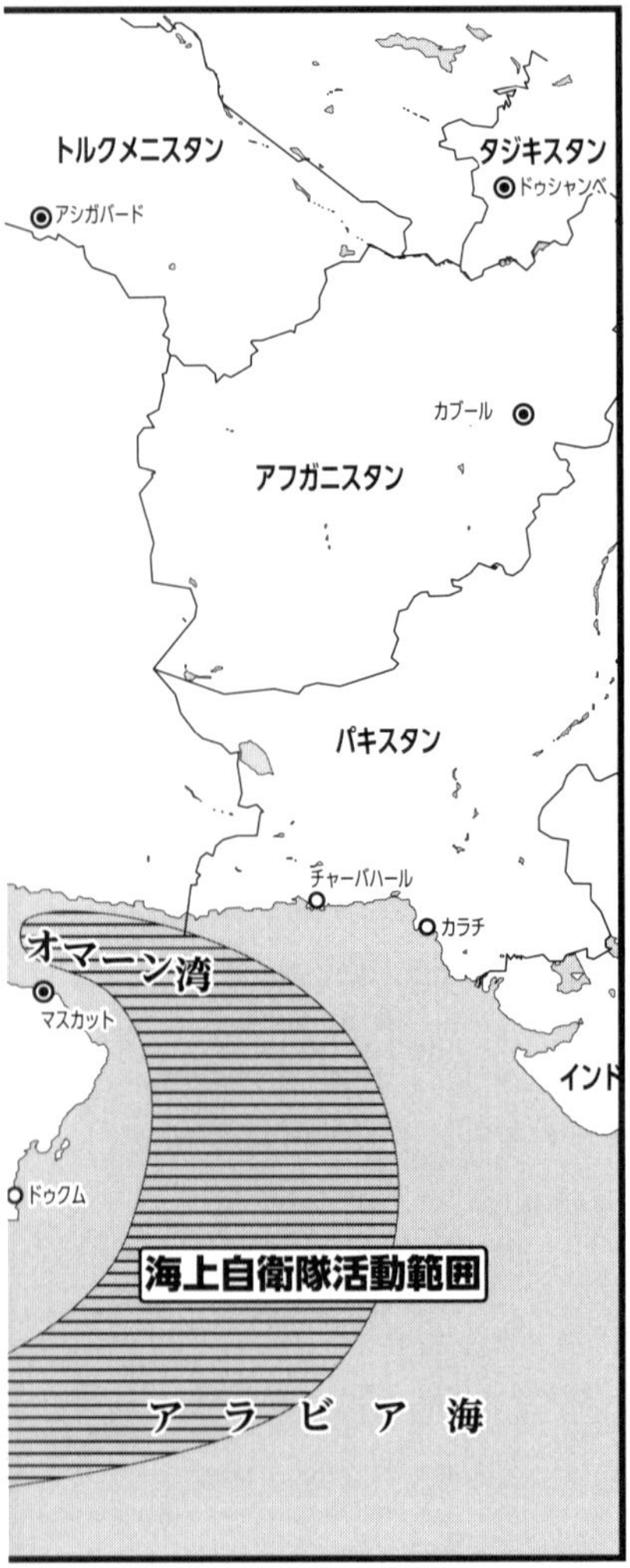


合意（イラン核合意）に達したと発表。

2016年1月、サウジアラビアはイランと断交。

2017年1月20日、トランプ大統領就任。就任後サウジアラビアを訪問。

2017年10月13日、トランプ大統領はイランに対する強硬姿勢を表明。

2017年12月、トランプ大統領『国家安全保障戦略』を発表。

2017年12月16日、イラン軍「戦略回廊」を使って初の軍事物資輸送。

2018年2月10日、イスラエル軍はイランの無人機撃墜。

2018年5月8日、トランプ大統領「イラン核合意からの離脱」を宣言。

2018年5月14日、トランプ大統領はイスラエルにある米大使館をエルサレムに移転すると表明。

2018年8月3日、ペルシャ湾やホルムズ海峡でイラン革命防衛隊が大規模な軍事演習を開始。

2018年8月7日、トランプ政権は鉄鋼・自動車部門を対象にしたイラン経済制裁の第1弾を発動。

2018年9月22日、イラン南西部で革命防衛隊のパレードを武装グループがテロ攻撃。

2018年11月5日、トランプ政権はイラン経済制裁の第2弾を発動。

2018年12月19日、トランプ大統領がシリアからの米軍撤退を発表。翌20日、マティス国防長官辞任。

2019年2月13日、イラン南東部で革命防衛隊を狙った自爆テロ発生。

2019年2月14日、ペンス副大統領がワルシャワ会議で反イラン演説。

2019年3月11〜13日、イランのロウハニ大統領がイラクを訪問。

2019年3月25日、トランプ大統領はゴラン高原についてイスラエルの主権を認める文書に署名。

2019年4月8日、トランプ政権はイラン革命防衛隊をテロ組織に指定。

2019年5月2日、トランプ政権はイラン産原油の全面禁輸措置を発表。

2019年5月8日、ロウハニ大統領は濃縮ウラン貯蔵量の制限など核合意の一部履行停止を表明。

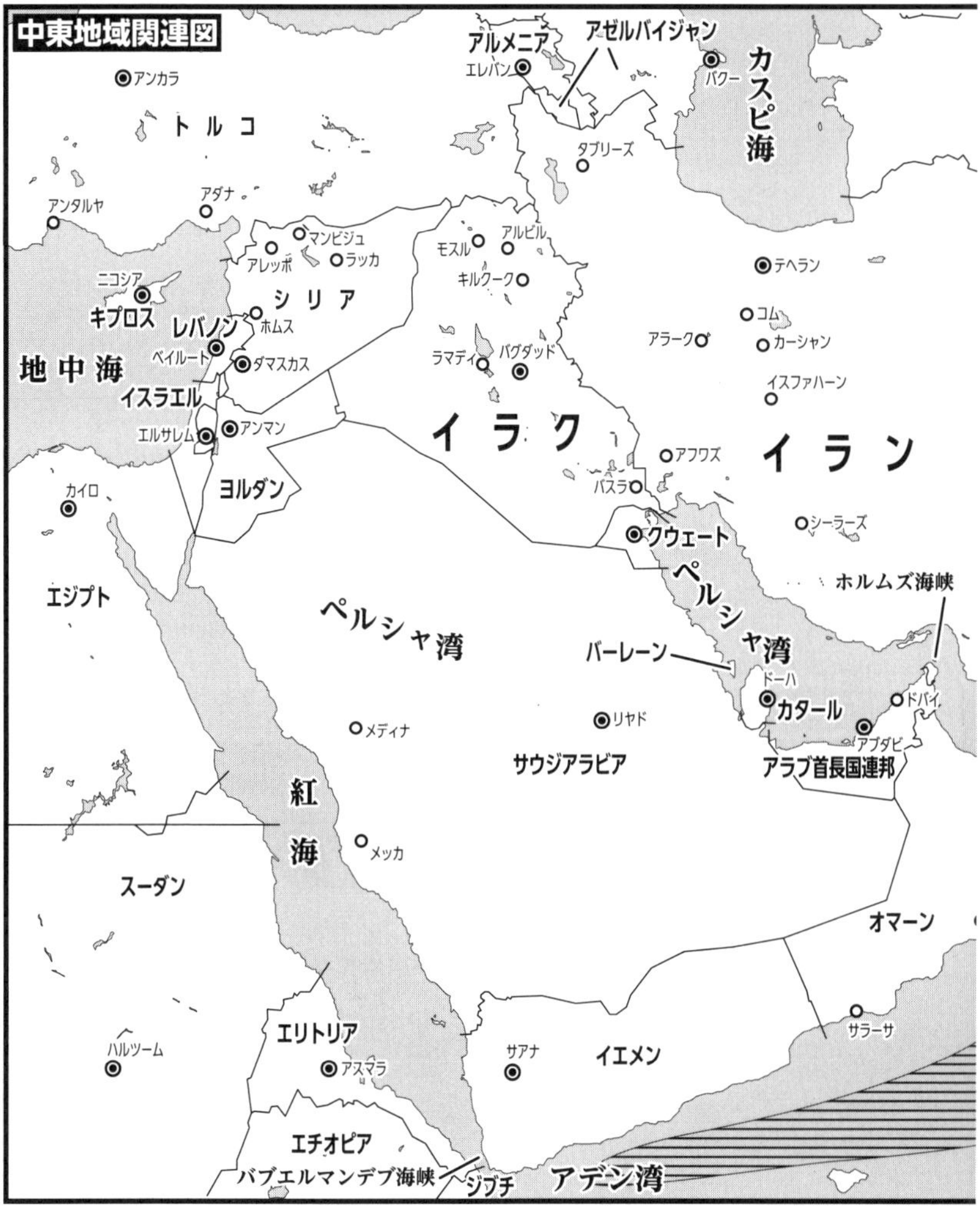
中東地域関連図
アルメニア
エレバン
アゼルバイジャン
バクー
カスピ海
アンカラ
トルコ
タブリーズ
アンタルヤ
アダナ
マンビジュ
アレッポ
ラッカ
モスル
アルビル
キルクーク
テヘラン
ニコシア
キプロス
シリア
ホムス
レバノン
ベイルート
ダマスカス
地中海
イスラエル
エルサレム
アンマン
ラマディ
バグダッド
コム
アラーク
カーシャン
イスファハーン
イラク
イラン
アフワズ
バスラ
ヨルダン
カイロ
クウェート
シーラーズ
エジプト
ペルシャ湾
ホルムズ海峡
バーレーン
ドーハ
カタール
ドバイ
リヤド
メディナ
アブダビ
サウジアラビア
アラブ首長国連邦
紅海
メッカ
スーダン
オマーン
サラーサ
エリトリア
ハルツーム
アスマラ
サアナ
イエメン
エチオピア
バブエルマンデブ海峡
ジブチ
アデン湾

2019年5月12日、ペルシャ湾でサウジの石油タンカーなど4隻が攻撃される。

2019年5月14日、サウジのパイプラインの圧送施設が無人機攻撃される。

2019年5月19日、バグダッドの「インターナショナル・ゾーン」にロケット弾1発が撃ち込まれる。

2019年6月12日、安倍首相がイランを訪問、ロウハニ大統領と会談。翌13日、ハメネイ師と会談するが、その直前にオマーン湾で日本の船舶を含む2隻の石油タンカーが攻撃されて炎上。

2019年6月20日、イラン革命防衛隊は米海軍の無人偵察機を撃墜。トランプ大統領はイラン側の人的被害を考慮して報復を直前に中止。

2019年7月4日、英国がジブラルタル沖でイランの大型タンカーを拿捕。

2019年7月7日、イランは核合意で定めた上限を超えて4・5パーセント程度のウラン濃縮を開始。

2019年7月、トランプ政権はイランに対する圧力策の一環として、ペルシャ湾周辺でタンカーを護衛する有志連合をつくることを表明。日本にも参加を呼びかけた。

2019年7月22日、イランの情報省は、CIAが構築したスパイ網を壊滅し、イラン人のスパイ17人を逮捕したと発表。

2019年8月15日、英領ジブラルタルの自治政府は、7月4日に拿捕したイランのタンカーを解放。

2019年9月4日、ロウハニ大統領は核合意履行停止の第3段階の措置として、「核関連研究開発の制限を全廃する」と発表。

2019年9月14日、サウジアラムコの石油施設とクライス油田が無人機などの攻撃を受け、一時的にサウジの石油生産能力は半分に低下。

2019年11月7日、イランは核合意の履行停止措置の第4弾として、フォルドーの地下核施設でのウラン濃縮再開を表明。

2019年12月5日、米国防総省は中東にさらに数千人規模の増派を検討と発表。

2019年12月27日、イラク北部の米軍駐留拠点にロケット弾が撃ち込まれ、米国民に被害発生。

2019年12月29日、米軍はイラクやシリアのシーア派の拠点を攻撃。

2019年12月31日～2020年1月1日、イラク・シーア派民兵がバグダッドの米国大使館を襲撃。

2020年1月3日、米軍がイラン革命防衛隊のソレイマニ司令官を無人機で殺害。

2020年1月8日、イランがイラクの米軍基地を弾道ミサイルで攻撃。同日、首都テヘラン近郊でウクライナ旅客機が墜落。

2020年1月9日、トランプ大統領が「イランを攻撃しない」との声明を発表。

2020年1月11日、イラン政府が旅客機を誤射したことを認める。テヘランで反政府デモが激化。

# 第1章　米・イラン相互不信の歴史

## イラン対米不信の根――CIAのクーデター事件

米国とイランの対立は、今に始まったわけではなく、一九八〇年以来、両国は四〇年近く断交状態にある。しかし、米国に対するイランの不信感の根はもっと前に起きたある政変にまでさかのぼることができる。

一九五三年に米国の情報機関が当時のイランの政権を転覆させた「モサデク政権転覆事件」がそれである。この事件は、米中央情報局（CIA）が冷戦時代に仕掛けたクーデターの中で「唯一、最大の勝利」（ティム・ワイナー著『CIA秘録（上）』）と評され、当時を知るイラン人にとっては、米国の陰謀で自分たちの政権が転覆させられた許しがたい事件として記憶に残っている。

イランでは一九五一年に民族主義者のモハンマド・モサデクが権力を掌握し、英国による同国の石油支配に対して敢然と挑んでいた。英国のアングロ・イラニアン石油会社は、長年にわたりイランを搾取し、イラン産石油による利潤のわずか二〇パーセントしかイラン側に還元しなかった。

ところが一九五〇年に米国の石油会社アラムコ社が、中東地域では初めてサウジ産石油から得る利益の五〇パーセントをサウジアラビア政府に還元することに合意すると、中東のほかの産油国ではにわかに不穏な空気が漂い始めた。

英国の石油支配に不満を募らせていたイランは「我々にもサウジと同様五〇パーセントの分け前を与えろ」と英国側に強く要求するようになった。英国がこの要求を拒否すると、イランの民族主義者たちは、アングロ・イラニアン石油を追い出して石油産業を国有化しようという運動を開始。この運動の指導者がモサデクで、彼の指導の下、一九五一年四月にイラン議会は石油産業の国有化の決議案を採択し、同時にモサデクがイランの首相に就任した。

続く五月一日には石油産業の国有化法が発効し、事実上、英国の石油会社はイランから追い出されるかたちになった。

怒った英国はイランに対して軍事侵攻を計画したが、米国の反対に遭い断念。代わりに経済封鎖を開始し、英国の銀行にあるすべてのイラン資産を凍結し、砂糖や鉄鋼などのイランへの輸出を禁止した。また英国は海軍を派遣してイランの石油輸出を海上で阻止する軍事作戦を開始。英海軍の艦船はイランのタンカーを海上で臨検してイラン産石油の密輸を取り締まるなどして圧力をかけた。

まるで現在のトランプ政権による対イラン制裁を見ているような状況だが、すでに七〇年近く前に、当時の大国である英国がこうした圧力政策をイランに対してとっていたのである。

これにより、一九五二年までにイランの石油生産は急落。モサデクはイランの石油生産は確保したものの、肝心の販路はすべて英国をはじめとする欧米企業に握られていたため、経済的な苦境に陥った。

ちなみにこの時に日本の出光興産が英国の圧力を跳ねのけてイランとの間で石油購入取引を結び、自社所有のタンカーでイランの石油を輸送したことが知られている。この「日章丸事件」は映画にもなった。

いずれにしてもイランではこの後、大規模な民衆蜂起の発生や国内権力闘争の激化などで混迷が深まるなか、親ソ連派共産党の「トゥーデ党」のモサデク政権への接近がみられるようになり、五三年一月には米国で対ソ強硬派のアイゼンハワー政権が誕生した。

同新政権のアレン・ダレスＣＩＡ長官は「イランに革命の計画があり、もし同国が共産化すれば、中東のすべてのドミノが倒れる。自由世界の石油の六〇パーセントがモスクワの手に落ちることになる」と警告を発した。

また、米国がイランの共産化を恐れていることを過大に評価したモサデクが、アイゼンハワー政権に対して、「もし米国から欲しいものを確保できないのであれば、ソ連に対してそれを求めることになるだろう」と脅しの警告をした。モサデクは、こうすれば米国が慌ててイランを支援すると考えたが逆効果だった。当初イランの共産化に懐疑的だったアイゼンハワー大統領も、「モサデク政権に共産主義者による政権奪取の危険が迫っている」と信じるようになったという（ケネス・ポラック著『ザ・パージァン・パズル（上）』）。

こうしてアイゼンハワー政権は、英情報機関とも連携しながらモサデク追い落としの陰謀を練り始め、一九五三年七月に作戦は実行に移された。ＣＩＡ工作員キム・ルーズベルトが一〇〇万ドル相当の資金をばらまき、反モサデク派や暴徒を動員して八月までにモサデクを逮捕し、親米派のモハンマド・レザ・シャー・パーレビが国王に復権した。

以降、親米派のパーレビ国王が独裁的な体制を築き、民衆を武力で弾圧することになった。このことから一般的なイラン人の間では、このモサデク転覆事件は「民主的なイランの建設を目指し国民の人気も高かった首相が、米国のスパイ機関によって打倒された」出来事として語り継がれ、イラン人が米国に抱く激しい怒りの原因の一つとなったのである（『ザ・パージァン・パズル（上）』）。

## 反政府派の急先鋒ホメイニ師の台頭

モサデク政権を転覆させ、親米派のシャー・パーレビを政権の座に就かせて以降、米国はイランに莫大な援助を提供した。

一九五三年までの米国のイランへの経済・軍事借款は合計で五九〇〇万ドルだったが、一九五三年から六一年にかけて米国はほぼ五億ドルの軍事援助をイランに提供し、シャーは軍の規模を一二万人から二〇万人に拡大。五六年までにイランは世界最大の米国の軍事援助の受益国になった。

また、国内における弾圧体制強化のため、米ＣＩＡや米連邦捜査局（ＦＢＩ）、それにイスラエルの情報機関モサドが協力して五七年には悪名高い国家情報治安機構（ＳＡＶＡＫ）も創設された。さらに五九年に、米国はイランと「二国間防衛協定」を締結することでイランの防衛に深く関与することになり、米国が文字通り国王の体制を支える基盤を提供することになった。

イランでは次第に米国の影響力が国内で拡大することへの反発が強まっていく。

外国からの多額の援助を受けている国ではありがちなことだが、当時のイラン政府の役人たちも、米国の援助の一部をかすめ取る技術を高めて汚職や腐敗が蔓延。また保守的なイスラム教徒が「退廃的な道徳」と見なす米国文化がイランへ浸透すると、イランの宗教保守派や伝統的なバザール商人たちの間で米国に対する反発が強まっていった。

軍事支出をひたすら拡大させ、教育、社会開発、経済改革を軽視するシャーの責任も、その後ろ盾となる米国にあるとの見方が支配的になっていったとしても不思議ではない。

シャーは農地改革をはじめとする各種の改革（白色革命）を断行したが、イランの社会、経済的階層のすべての人々に恩恵を与えることにはならず、とくにイスラム教の聖職者たちが先頭に立って政府への抗議活動を展開した。

こうした政府批判の急先鋒となったのがアヤトッラー・ホメイニ師であり、同師は一九六三年三月に白色革命を激しく非難する文書を発表し、政府の進める改革を「イスラムへの重大な脅威」と位置づけた。ホメイニ師は〝シャーが進める白色革命は、イスラム教を破滅させるために、米国やイスラエルがシャーをそそのかして仕掛けている陰謀だ〟と訴えて政府を激しく非難した。

同年六月には全国で大規模なデモを主導し、テヘラン、コム、シーラーズ、イスファハーン、マシャド、タブリーズの各都市で抗議活動が三日間にわたって展開され、最終的には軍が鎮圧作戦を実施して三百人以上の死者が発生した。これによりホメイニ師も六か月間自宅軟禁に置かれたが、この一連の事件を通じて同師は反政府派の強力な指導者としての地位を確立していった（『ザ・パージァン・パズル（上）』）。

一九六三年のホメイニ師に率いられた民衆蜂起の失敗が、イランによる反米感情を形成し、同師の米国帝国主義に対する「闘争」が、やがて一九七九年のイラン革命、そしてそれに続く米国大使館占拠人質事件へとつながっていく。

## イラン革命と「米国大使館占拠人質事件」

パーレビ国王の権力を支えたのは、急激な石油収入の増大だった。一九六四年〜六五年時には五億五〇〇〇万ドル程度だった石油収入は、七〇年〜七一年に一二億ドル、七二年〜七三年に二五億ドルに増大。さらに第四次中東戦争（ヨムキプール戦争）の結果、七三年一〇月にペルシャ湾岸六か国が石油価格を引き上げると、イランの石油収入はなんと七四年〜七五年に一気に一八〇億ドルに膨れ上がったのだった。

このオイルマネーを目当てに、米国はあらゆるタイプの通常兵器をシャー・パーレビに売却し、イランは中東最大の軍事大国になった。石油収入の急激な増加を受けて国の経済も成長し、一人当たりGDPも、七一年の四五〇ドルから七八年には二四〇〇ドルへ五倍強の伸びをみせた。

しかし、この急激な経済成長の恩恵を受けたのは、五百人以上の従業員をかかえる大企業、工場や保険・銀行などの金融機関を牛耳る王族や政府高官、高級将校などわずか一五〇ほどのエリート家族からなる支配層だけだった。イランの急激な経済発展とは、こうした支配層に富がひたすら集中し、大多数のイラン国民を政府の開発戦略から疎外するものだったのである（吉村慎太郎著『イラン現代史』）。

こうしたなか、イラン革命の始まりは、七八年一月七日に、ペルシャ語新聞紙『エッテラーアート』がホメイニ師について「英植民地主義の中枢と関係を持ち、インド出身の陰謀家・反国民的分子」と非難する記事を掲載したことだったとされている。

明らかにシャー政権が書かせたものだったが、この記事が掲載された二日後には宗教都市コムで政府に対する大規模な抗議運動が実施され、デモ隊に対して警察が発砲し、死者七〇人が発生する惨事となった。

しかしこの事件は、デモで亡くなった死者を四〇日後に追悼するアルバイーンという行事に際してまたデモを行ない、そのデモが弾圧されて犠牲者が発生すると、その四〇日後にアルバイーン・デモが行なわれるという具合に、デモが周期的に繰り返される出発点となった。

デモは繰り返されるたびに規模も勢いも増し、警官隊の弾圧も激化すると、ついには国営企業の労働者や公務員までが賃上げなどを要求するストライキを実施し、七八年末にはシャー政権の打倒を訴える抗議デモが全国規模で展開され、もはや誰も止められなくなっていった。

翌七九年一月一六日にシャーが国外に退去すると、二月一日にはパリに亡命していたホメイニ師が、三百万人ともいわれる市民の歓喜に迎えられて凱旋帰国したのである（『イラン現代史』）。

このイラン革命の特徴の一つは、ホメイニ師を中心とするイスラム教シーア派の宗教指導者が、イスラム主義思想を掲げて革命の主導権を握り、西洋化・近代化されていたイランの政治体制を打倒して新たにイスラム統治体制を樹立したことである。

また、ホメイニ師が革命の目標の中にイランから米国の影響力を完全に排除することを位置づけ、その文脈で〝米国の操り人形であるシャー〟の打倒を正当化したこともあり、徹底的な反米主義が革命理念に刷り込まれたことである（池内恵著『シーア派とスンニ派』）。

そして革命後の混乱期だった七九年一一月四日に、三百人を超えるイスラム主義の学生たちが米国大使館を襲撃、占拠する事件が発生した。ちょうど革命派の間で権力闘争が激化する過程でこの事件が勃発したことから、ホメイニ師などイスラム保守強硬勢力は、この人質事件で反米感情を煽る姿勢を貫くことで、国内のライバルを倒し権力を固めていった。

東京大学の池内恵教授によれば、この米大使館占拠人質事件によって「いわばイスラーム主義による体制の設立に反米闘争が埋め込まれた形となり、市民感情とは別に、体制の『建国神話』と不可分の『国是』となってしまったことで、イスラーム体制が持続する限りそれが固定化されることになってしまった」という。つまり、イラン革命から続く米大使館占拠人質事件を通じて、革命政権の反米的な性格が確立されていったのである。

一方、「被害者」である米国にとっても、この事件は大きなトラウマとして歴史に刻まれることになった。制裁や交渉で人質を解放させることができなかった当時のカーター米政権は、一九八〇年四月七日にイランとの国交を断絶し、その二週間後には軍事的な解決策を試みる決意を固め、人質救出作戦を発動させた。しかし、悪天候で米軍のヘリコプターが故障して作戦は中断を余儀なくされただけでなく、ヘリと輸送機が衝突事故を起こして八人が死亡する大失敗に終わった。

こうして〝狂信的な〟イランの政権に対して、超大国であるはずの米国は何もできないまま四四四日間も同胞を人質にとられたのであった。ＣＩＡの元イラン分析官だったケネス・ポラックは次のように記している。

「このことで、イラン人を許そうとする米国人はほとんどいない。（中略）あれほど多くの米国人が、あの四百四十日《（ママ）》間に感じた、イランに対する怒りは、埋み火となってそれ以来ずっと、イランにかかわるすべての政策決定に、影響を及ぼしてきた。あの事件以来、イランが何か悪意のあることをしでかすと（実際にイランは多くのことをやったが）、米国人の感じる怒りはこの根底にある埋み火によってさらに増幅した」（『ザ・パージァン・パズル（上）』）

米・イラン関係が複雑なのは、双方とも歴史的な「被害者意識」を持っていることだといわれる。イランが、米国との関係の原点をモサデク政権転覆事件と位置づけるのに対し、米国にとっての「原風景」は米大使館占拠人質事件であり、双方の被害者意識が深い相互不信の根を形成し、二国間関係を複雑かつ困難にしているのである（高橋和夫著『イランVSトランプ』）。

## イランによる「革命の輸出」と対米テロ

革命後のイランは、隣国イラクとの戦争やレバノン内戦への介入など、国外での軍事的な関与を強めていった。

イスラム共和国を建設しつつあったこの頃のイランは、自分たちの革命を対外的に普及することに使命感を感じていた。ホメイニ師は「我々は革命を全世界に輸出する」と公言し、イランの影響力を積極的に国外に拡大させる意志を明らかにした。

こうしたイランの拡張主義を最も警戒したのが隣国イラクのサダム・フセインだった。フセインは、イラクで多数派を占めるイスラム教シーア派の住民たちが、イラン革命の影響を受けてフセイン政権に反旗を翻すことを恐れていた。実際、ホメイニ師はイラク南部のナジャフで一四年間亡命生活をしていたことからイラク国内に深いつながりを持っており、イラクのシーア派に対して「フセイン政権に対してジハード（聖戦）を開始せよ」と反乱を呼びかけていた。

こうした背景からイラクは、一九八〇年九月二〇日にイランへの侵攻作戦を開始。これに対してホメイニ師は「イスラムに反対する冒瀆者の反乱」だとして「和平や妥協はあり得ない」との立場を鮮明に打ち出して徹底的に抗戦したことから、八年あまり続く消耗戦に発展した。

この間、イランの革命体制を支える勢力として重要性を高めた組織が「革命防衛隊」だった。革命防衛隊はもともと一九七九年五月にホメイニ師中心の革命体制を支える実力集団として設立された軍事組織であり、当初は革命後の社会秩序回復のために、国王体制の残存勢力や左翼勢力を排除して革命政府の権力掌握を確実にすることが主任務であった。

また、アゼルバイジャンやクルドなどの自治要求を抑圧する少数民族対策としても、革命防衛隊が動員された。その後、国家の防衛や対外的な軍事活動においても中心的な役割を担うようになっていく。

イラクとの戦争で、物量で圧倒的に勝るイラク軍に対抗するには、イランは宗教に基づく精神力で戦うしかなく、「ジハードと殉教」という概念に基づいて戦争を遂行する革命防衛隊は、その傘下の民兵組織「バスィージ」とともにイランの主たる戦力となった。

イランは、八〇年代半ばまでに兵力三〇万人に達した革命防衛隊と、百万人に膨れ上がったバスィージによる人海戦術で、甚大な被害を出しながらも、八八年八月までイラクとの戦争を継続し、その間約二〇万人の戦死者を出した。ホメイニ師の要請に応じて一九八五年九月には革命防衛隊の陸・海・空軍が設立され、イラン・イラク戦争を通じて革命防衛隊は実力部隊としての組織を拡大させたのであった（『イラン現代史』、宮田律著『イラン革命防衛隊』）。

また、イランは革命直後から近隣諸国のシーア派住民の急進派グループに対してさまざまな支援を提供し、バーレーン、クウェート、サウジアラビアなどに「革命の輸出」を開始。一九八二年六月にイスラエルがレバノンに侵攻すると、イランはレバノン国内のシーア派を支援するため、千人規模の革命防衛隊員をレバノンに派遣し、同国のシーア派社会を軍事的に防衛するため、現地のシーア派民兵組織に軍事訓練を提供した。

さらに現地でシーア派住民のための学校、病院、モスクや福利厚生施設を建設し、こうした社会活動を通じてイランに対する支持を集めた。そしてこうした活動のすべてを統括、監督するための上部組織としてヒズボラを創設したのであった（『イラン革命防衛隊』）。

このレバノンを舞台にイランは、現地の代理勢力を通じて間接的に米国へ攻撃を仕掛け、〝代理勢力によるテロ〟を対外政策の道具として使う手法を確立していった。

一九八三年四月一八日にはレバノン・ベイルートの米国大使館で世界初の自動車自爆テロが発生し、一七人のアメリカ人大使館員を含む六三人が死亡。一七人の中にはＣＩＡの支局長と副支局長はじめ米国スパイ機関の七人の要員が含まれていた。

また同年一〇月二三日には、ベイルート国際空港に近い米海兵隊の本部にトラックが突っ込み、爆発。二四一人の海兵隊員が死亡するという、とてつもない大規模爆弾テロ事件も発生した。いずれも「イスラム聖戦」を名乗る組織が犯行声明を出したが、イマド・ムグニヤと名乗るイラン人率いるヒズボラが実行し、その背後にはイラン革命防衛隊がいたとされている（『ＣＩＡ秘録（下）』）。

このほかにも、八〇年代と九〇年代にイランやその代理勢力が起こしたと思われているのは以下のテロ事件である。

一九八三年一二月一二日、クウェート・シティの米国およびフランス大使館が爆破され、五人が死亡。

一九八四年三月一六日、ベイルートで米国大使館の政治担当官だったウィリアム・バックリー氏が誘拐され、ほかにもCNNテレビのベイルート支局長、キリスト教プロテスタント長老派信徒など一四人の米国人がベイルートで人質。

一九八四年九月二〇日、ベイルートの米大使館関連施設にトラック爆弾による攻撃があり、二三人が死亡。

一九八四年七月三一日、イラン行きの旅客機エア・フランスがハイジャックされる。

一九八五年六月一四日、トランス・ワールド航空機８４７便がハイジャックされ、米海軍の潜水士ロバート・ステットハムが殺害される。

一九八八年二月一七日、国連平和維持部隊に所属していたウィリアム・ヒッギンス大佐が南レバノンで誘拐され、一八か月後に遺体の映像が公開される。

一九八八年四月五日、クウェート航空の旅客機がハイジャックされ、二人が殺害される。

一九九二年三月一七日、アルゼンチン・ブエノスアイレスのイスラエル大使館が爆破され、二九人が死亡。

一九九四年七月一八日、ブエノスアイレスのアルゼンチン・イスラエル相互協会本部ビルが爆破され、八五人が死亡、二百人以上が負傷。

一九九六年六月二五日、サウジアラビア東部ダーラン近くにある米軍兵士用などの八階建て宿舎近くで爆発が発生し、米空軍兵士一九人が死亡。


こうして代表的なテロや誘拐事件だけを並べてみても、イランは八〇年代初めから九〇年終わり頃まで、米国やイスラエル権益に対して極めて大胆かつ大規模なさまざまな攻撃を仕掛けていたことがわかる。米政府がイランを「テロ支援国家」として指定したのは、レーガン政権時の一九八四年一月であり、それ以来、米政府は、過去三五年以上にわたり、イランとの「テロとの戦い」を続けてきたことになる。

## イラン・イラク戦争が決定づけたイランの軍事戦略

レーガン政権は、イラン・イラク戦争においても次第にイラクへの支援を強化し、さまざまな武器を供与しただけでなく、軍事衛星によって得られたイラン軍の動向に関する情報をイラクに提供するなど、インテリジェンス面でもイラクのフセイン政権を支援した。

たとえば、米国は八七年末にイラク南部の港湾都市バスラ東方の国境沿いにイラン軍が結集している様子を捉えた衛星画像をイラク側に伝え、イラン軍の兵站基地に関するイラク側の情報収集や対空防衛の支援を実施していたことがのちに明らかになった。

また一九八八年四月には、バスラでイラク軍が四回にわたって化学兵器による攻撃をイラン軍に仕掛け、毎回数百人から数千人のイラン軍兵士が殺害された。だが、これについて米政府が問題視することはなく、黙認していたことも、のちに機密解除された文書などで明らかになっている（二〇一三年八月二七日付『AFP時事』）。

一九八二年一〇月にソ連製のスカッド・ミサイルを初めて使用したイラクは、八四年までに人口の密集するイランの都市部への無差別攻撃を拡大した。それに対してイランもリビアや北朝鮮からスカッドを購入し、一九八五年三月に初めてイラクの都市部へ弾道ミサイル攻撃を開始し、双方による都市部へのミサイル攻撃が激化した。

さらに一九八四年に始まったペルシャ湾沿いの石油インフラ施設や同湾を航行するタンカーや商船に対する攻撃は、八七年夏頃に著しく激化し、「タンカー戦争」と呼ばれるようになる。米海軍はクウェートの石油タンカーを護衛する作戦を開始し、同年一〇月にはタンカー攻撃に対する報復としてイランの二つの油田を攻撃。また翌年四月一四日に米軍艦艇がイランの機雷攻撃を受けると、米軍とイラン軍の間で交戦となり、イラン海軍の保有する大型艦艇の四分の一が撃沈された。

結局、イラン・イラク戦争は一九八八年八月二〇日に正式に終結し、イランは兵士と民間人合わせて二〇万人以上の死者を出す大きな被害を受けたが、その一方でこの戦争はホメイニ体制に対する国民の支持を固めるうえで大いに役立ったとされている。

またこの戦争は、その後のイランの軍事・安全保障政策に決定的な心理的影響を与えたといわれている。米国を中心とする西側諸国がイラクのフセイン政権を支援したことは、イランの革命体制を崩壊させようとする西側諸国の敵対姿勢の表れとしてイランの指導者たちに記憶された。

イラン・イラク戦争で、シリアはイランを支援した数少ない国であり、同国との同盟関係がその後さらに深化する下地となった。

フセイン政権が弾道ミサイルや化学兵器で無差別攻撃を仕掛けてきたこと、西側諸国がそれを黙認してイラクを支援する一方でイランには制裁を科したこと、ペルシャ湾で米軍と交戦して通常戦闘で大敗北を喫したこと……、この戦争を通じてイランが経験したすべてが、忘れがたい大きな教訓としてその後のイランの軍事戦略の方向性を決定づけた。

すなわち、イランは巨大な敵と戦うための非対称戦争の能力、つまりテロやゲリラ戦術のように、強者の一方的な優勢を許さない変則的で予測困難な攻撃を仕掛けることで、米国に負けない軍事力の構築を目指すようになったのである。

そしてそのためにも周辺地域に散在するシーア派コミュニティとのネットワークを強化し、米国と敵対する国々との関係をつくることで「抵抗の枢軸」の構築を目指すようになった。革命防衛隊が一九九〇年に対外的な秘密工作のための特殊部隊として「コッズ部隊」を創設したのは、そうした背景からだったとされる。

イランはこうしてコッズ部隊を通じて国外の代理勢力に資金や武器や軍事訓練を提供し、反米という目標を共有する政治組織や民兵組織との関係を強化していった。また、イラクからの将来の攻撃に備えるために弾道ミサイルの開発に邁進。北朝鮮や中国の技術的な支援を受けて主要な兵器の国内生産体制を整備し、一九八〇年代の終わりには核兵器の取得も目指して核開発にも力を入れるようになった（米国防情報局『イランの軍事力』）。

## 負の経験を積み重ねた米・イラン関係

米国は、イラン・イラク戦争中、イランの敵であるイラクを支援し、イランと交戦までしていたが、その一方でイランと人質解放交渉の一環として密かに武器を売却する裏工作を行なっていたことが明らかになり、一大スキャンダルになった。「イラン・コントラ事件」として知られるようになる秘密工作である。

あまりに複雑な取引なので単純化して説明するが、レバノンでヒズボラに拉致されていた米国人の人質を救出するため、レーガン政権の安全保障チームの一部の高官たちが、胡散臭い武器商人やイスラエルを仲介して各種のミサイルをイランに売却し、受け取った代金の一部を、ニカラグアの反共産主義ゲリラ組織コントラに流すという工作に手を染めていたのである。

人質の一部は解放されたが、人質が大勢いればより多くの武器が獲得できることから、イラン側にさらに多くの人質をとるインセンティブを与えてしまっただけでなく、イランは武器だけでなく、イラク軍に関する軍事情報まで望むようになった。結局、イラン革命防衛隊は、CIAの斡旋により対戦車ミサイル二千発、高性能の対空ミサイル一八発、飛行機二機分のスペアパーツや有益な戦術情報を入手したとされている（『CIA秘録（下）』）。

こうした秘密取引が暴露され、一大スキャンダルに発展したことから、CIAはもちろんのこと、米政府はこの後、イランとのバック・チャンネル（裏ルート）や秘密交渉には慎重になっていく。

それでも一九八九年一月に発足したジョージ・H・W・ブッシュ（ブッシュ父）政権は、イランとの関係改善に積極的な姿勢を見せ、〝もしイランが、レバノンのヒズボラが拘束している米国人人質を解放することに尽力すれば、米・イランの関係改善で応じる〟という前向きなシグナルを送った。

これに呼応したイランは、一九九一年一二月までに残りの人質全員を解放したが、当時中東和平交渉に尽力していたブッシュ政権は、この和平プロセスを妨害していたイランに対する態度を硬化させ、人質を解放することで得られるとイランが期待したものを何も与えず、イランの対米不信は増大した。

続くクリントン政権は、イランとイラクの二国を同時に弱体化させる「二重封じ込め」政策をとり、イランが中東和平に反対するパレスチナのテロ勢力を支援しているとして、一九九五年から九六年にイランとの貿易や投資を禁止する制裁措置を発動した。それまでに米国企業がイランの原油を輸入することはすでに禁じられていたが、この九五年の制裁により米国企業がイランの原油を取り引きすること自体が禁止された。

しかしこの頃はまだカスピ海産の原油とイラン産原油をスワップ（交換）する取引や、イラン産原油が他国産原油と混合で精製されたガソリンや石油化学製品を輸入することは禁じられておらず、いくつもの〝抜け穴〟があった。

またクリントン政権と米議会は、イランのエネルギー部門に対する外国の投資に対しても制裁を科すことを決めた。対イラン強硬派のアルフォンス・ダマト上院議員が提案した法案で、イランの石油産業に二千万ドル以上の投資を行なった外国企業に対して二次的な制裁を科すという法案だった。

ちょうど一九九六年六月にサウジアラビア東部ダーランで米空軍兵士一九人が殺害される爆弾テロがあった直後の七月に、このダマト法案は米議会で可決され、八月にクリントン大統領が署名し、「イラン・リビア制裁法（ＩＬＳＡ）」として発効した（『ザ・パージァン・パズル（下）』）。

この九〇年代の対イラン制裁は、主にイランの〝テロ支援〟に対する懲罰的な制裁であり、イランのテロ支援をやめさせ、中東における戦略的な影響力を低下させることを狙ったものだった。

しかし、一九九七年五月にイランで改革派のハタミ大統領が就任すると、米国はイランとの関係改善の好機とみてかなり積極的にシグナルを送り、直接対話を働きかけたが、国内の権力基盤が脆弱だったハタミ大統領は、国内保守派の反対を抑えて米国の提案を受け入れることができず、米・イラン対話は前進しなかった（米議会調査局『イラン』）。

## ブッシュのイラク戦争で影響力強めたイラン

二〇〇一年九月一一日の米同時多発テロ後の短い期間、ジョージ・W・ブッシュ政権には、イランとの関係改善に向かうチャンスがあった。ブッシュ政権は国際テロ組織「アルカイダ」をかくまうアフガニスタンのタリバン政権への攻撃を決めたが、アルカイダもタリバンもイスラム教スンニ派の過激派であり、シーア派のイランとは敵対していた。

そこでイランは、米国のアフガン攻撃への協力を申し出て、米国の輸送機がイラン東部の基地を使用することや、イラン領空における米空軍の探索・救難を許可するなど、少なからず米軍に対して具体的な支援を提供した。

また、アフガニスタンでタリバンと敵対する北部同盟との関係を維持していたイランは、対タリバンの地上作戦で米軍に協力するよう影響力を行使したり、タリバン政権崩壊後の新政権づくりでも米国に協力するように北部同盟に働きかけたことが知られている。

しかし、二〇〇二年一月の一般教書演説でブッシュ大統領がイランをイラクと北朝鮮と並ぶ「悪の枢軸」と呼んで非難したことから、イランは態度を硬化させた。当時のブッシュ政権内の政策決定過程を描いたボブ・ウッドワード著『攻撃計画』によれば、ブッシュ政権高官は「悪の枢軸」にイランを含めることの影響をほとんど考えていなかったという。

演説で「枢軸」というインパクトのある言葉を使うために、ブッシュ政権としては敵視する国が三か国必要で、イラク、北朝鮮はすぐに決まったものの、あと一つをどうするか検討していた。ちょうどその直前の一月三日、イスラエルがパレスチナに向かう船を拿捕したところ、大量のイラン製武器が発見される事件が発生した。これによりイランがパレスチナのテロ支援を続けていることが明確になったため、かなり安易にイランを「悪の枢軸」メンバーに含めたという。

その後、ブッシュ政権が急速にイラク戦争へと向かうなかで、イランは米国を妨害することなく静観する姿勢をとった。言うまでもなく、イラクの独裁者サダム・フセインは、イランが八年近く戦争をした相手であり、イランにとっては最も大きな脅威の一つであった。

当時のブッシュ政権は「中東民主化論」を掲げてイラクの独裁者を打倒する方向に進んでおり、フセイン政権を崩壊させた後、イラクでそれまで抑圧されていた多数派のシーア派が権力を握る道を開く可能性が高かった。それはイランにとっても望むところであり、それゆえイランは、二〇〇三年三月に開始された米国によるイラク戦争に際して、米軍主導の有志連合軍の行動を妨げることはいっさいしなかった。

それだけでなく、この頃イランは、米国との関係改善を求めて〝包括的な取引（グランド・バーゲン）〟を持ちかけようとした兆候さえ認められた。米国のイラク侵攻から間もない頃、駐テヘラン・スイス大使からワシントンに一通のファックスが届いた。米国とイランは国交がないため、外交的なコミュニケーションはスイスを仲介して行なわれていた。このファックスには、イランからの大胆なオファーが記されていたという。

イランは核開発計画を見直し、ヒズボラなどの国外代理勢力への支援をやめ、イスラエルへの敵対姿勢を見直す用意すらある。その代わりに米国はイランへの経済制裁をやめ、イランの安全を保証し、体制転換（レジーム・チェンジ）を目指さないことを約束するという、米国とイランの関係改善のための包括的な取引のオファーだったという。

にわかに信じがたいが、当時のブッシュ政権はイラクを打倒した後にイラン、北朝鮮のレジーム・チェンジを目指すのではないかとの観測がメディアを賑わせていた。実際、イラクのフセイン政権をわずか一か月で打倒し、圧倒的なハイテク軍事力を世界に見せつけた米国のパワーは絶頂期にあり、次なる標的と目されていたイランは真剣に〝攻撃されるのではないか〟と恐れていた可能性は否定できない。

当時のイランの大統領は穏健派のハタミ師。米国のアフガン戦争を側面支援し、イラク戦争にも反対せず、最後の望みをかけて当時のブッシュ政権に「包括的な取引」を持ちかけたのかもしれない。

しかし、飛ぶ鳥を落とす勢いだった当時のブッシュ政権の主要メンバーたちは、イランと対話したり、そのオファーに応じる必要性をまったく感じておらず、イランに返信することはなかった。

そこでイランは、米国がフセイン政権を崩壊させた後、新しくつくるイラクの政権がイランに友好的な勢力になることを保証するため、あらゆる影響力を総動員してイラク政治に介入した。イラン革命防衛隊やイランの情報機関はイラク国内にネットワークを張りめぐらせ、シーア派民兵組織に対して資金、武器、情報や訓練を提供することで強固な関係を築いていった。

戦後、イラクの新しい政治体制の中で中核的な役割を担っていったダアワ党やイラク・イスラム革命最高評議会（ＳＣＩＲＩ）などのシーア派政党は、いずれもテヘランとの関係が強く、イランはこうしたシーア派政治勢力の〝後ろ盾〟となって戦後イラクへの影響力を強めていったのである（『ザ・パージァン・パズル（下）』）。

## スンニ派の国からシーア派の国へ

ブッシュ政権が、フセイン政権打倒後の戦後統治に失敗し、スンニ派とシーア派の宗派抗争をエスカレートさせてしまったことが、イラク国内におけるイランの影響力拡大につながった。さらにイランとサウジアラビアの対立を激化させ、スンニ派の過激派であるイスラム国（ＩＳ）台頭の下地をつくることになった。

単純に言えば、フセイン政権時代のイラクではスンニ派が支配階層におり、シーア派とクルド人の上に君臨する構造が存在した。人口比を比較すれば全体の二〇パーセントしかいない少数派のスンニ派が、六〇パーセントで多数派を占めるシーア派と、二〇パーセントのクルド人を支配する構図になっていた。

米国は「イラクに民主主義を導入する」という大義を掲げてイラク戦争に邁進したので、少数派のスンニ派による支配体制を終わらせ、多数派のシーア派が政権を担うのを当然のことと考えた。フセイン政権を崩壊させた後、米国はすぐにイラクの新政府をつくらず、米軍による占領統治を行なったが、その初期段階で、致命的な失敗を少なくとも二つ犯している。

一つは、当時五〇万人といわれたイラクの陸軍、空軍、海軍、共和国防衛隊などの軍人たちを武装解除もせずに解雇したことである。旧フセイン政権は主に北西部のスンニ派をイラク軍のエリート部隊である共和国防衛隊員だけでなく、正規軍の将校、保安・諜報機関員として登用。彼らの多くは米軍との戦いを避け、新生イラク政府の下で再び軍人として仕えることを望んでいたのだが、その望みは絶たれ、家族を養う糧を奪われた。

もう一つの致命的な失政は、旧フセイン政権を支えたバース党の指導者たちを権力の座から取り除き、権力構造を解体することを狙った「非バース党化命令」を出したことである。

バース党員にはシーア派も含まれていたが、熱狂的なバース党党員の多くはスンニ派であり、党内の支配的地位はすべてスンニ派で占められていた。当時のバース党員二百万人の中には、官公庁の中堅職員や学校の教師、大学の教授や医師なども含まれていたが、「非バース党化命令」により彼らが一斉に解雇通告を受けた。つまり、国軍やバース党の大多数を占めていたスンニ派市民を新生イラクから排除してしまったのである。

当時イラクで駐イラク米軍司令官の地位にあったリカルド・サンチェス中将（当時）も、「非バース党化命令のインパクトは破滅的だった」と述べ、「現実問題、この命令によりイラクという国の政府全体、すべての行政能力が取り除かれた」と証言している。

要するに、フセイン政権時代に支配的な地位にいたスンニ派が、非支配的な地位に追い落とされただけでなく、彼らは生きていくための最低限の収入源をも奪われてしまったのである。

二〇〇五年、米国による占領統治が終わり、選挙によって「民主主義体制」が誕生したが、当然多数派のシーア派が政権を担うことになり、少数派スンニ派の利益は反映されない政権となった。

落胆したスンニ派の旧軍人たちが、米軍や新しい政治プロセスに反対し、武装反乱を開始したのはこうした背景からだった。新しい政治システムから排除されたスンニ派住民も、新政権に対する不満から過激派による武装反乱を支持し、イラクは泥沼の内戦へと陥ったのである。

そしてイラクが内戦に陥ると、近隣のスンニ派諸国からも、義勇兵が流入してさらに内戦が悪化していった。日本人には理解しがたいが、それまで〝スンニ派の国〟だったイラクが〝シーア派の国〟になることは、イスラム世界全体のパワーバランスを変える大事件であり、簡単に受け入れられるものではなかった。サウジアラビアやヨルダン、リビア、アルジェリアなどから、スンニ派の若者たちがイラクに渡り、反政府武装勢力に加わって内戦はさらに複雑になっていったのである。

そうした反米・反政府勢力の一つにヨルダン人のアブームスアブ・ザルカーウィーが設立した組織がある。当時は「ザルカーウィー・グループ」と呼ばれていたが、これがのちの「イスラム国（IS）」の起源にあたる（菅原出著『「イスラム国」と「恐怖の輸出」』）。

いずれにしても、イラク内戦では、シーア派政権を米国とイランが支援し、スンニ派の武装反乱に対抗するという構図ができ、新生イラクの安定のために米国とイランが間接的に協力するという状況が生まれるようになった。

## 深刻化するイラン核開発問題

一方でこの頃からイランの核開発疑惑が問題化していく。

二〇〇二年八月、イランの反体制派組織「ムジャヒディン・ハルク」の政治組織「国民抵抗評議会」が、イラン国内で二つの秘密核施設を発見したと発表した。一つはナタンズにあるウラン濃縮のためのガス遠心分離プラントであり、もう一つはアラクの重水製造施設だった。この重水施設ではプルトニウムの抽出が行なわれていたが、いずれも核兵器用の核分裂物質を製造するための施設であり、イランが密かに核兵器開発を進めているとの疑惑をかき立てるものだった。

米国は衛星写真によってこれらの核施設を確認し、翌二〇〇三年二月には、国際原子力機関（IAEA）のエルバラダイ事務局長（当時）がイランを訪問してこれらの施設を視察。この視察後のIAEAの報告書では、イランの核兵器開発計画を示唆する事実が指摘され、イランに対して計画の即時停止と事実確認の要請がなされていた（駒野欽一著『変貌するイラン』）。

〝イランが密かに核兵器開発を進めていた〟ことを示唆するこの事件は、当時世界に大きな衝撃を与えた。折しも国際社会は、イラクの大量破壊兵器の脅威をめぐり緊迫の度合いを強め、二〇〇三年三月には、核兵器や生物・化学兵器の開発疑惑を理由に、米国はイラクに侵攻し、フセイン政権を打倒してしまった。

しかも、イランが八年間戦っても勝てなかったフセイン政権をわずか一か月程度で崩壊させ、勢いに乗っていたブッシュ政権は、続けて「悪の枢軸」のメンバーであるイランも攻撃するのではないか、との観測が出されていたこともあり、さすがのイランも焦ったのであろう。

英独仏の欧州三か国の働きかけに応じ、二〇〇三年一〇月にイランはＩＡＥＡに対して修正申告を行なった。その中でイランは、ＩＡＥＡに申告することなくウラン濃縮実験を行なったことや、プルトニウムの抽出を行なったこと、ウランの転換実験を実施したことを認めた。そして、ウラン濃縮活動を一時停止し、ＩＡＥＡとの間で「追加議定書」を結び、抜き打ち査察を受け入れる用意があることを表明したのである。

しかし、その後もイランはＩＡＥＡの抜き打ち査察に非協力的な姿勢をとり続け、二〇〇四年九月にはウラン転換や遠心分離機の製造などを再開。二〇〇五年六月のイラン大統領選挙で強硬派のアフマディネジャードが大統領に当選すると、さらに核開発問題で強硬姿勢をとるようになった（『変貌するイラン』）。

二〇〇六年二月、アフマディネジャード大統領は、ウラン濃縮活動の本格的再開とＩＡＥＡによる抜き打ち査察への協力停止を命令し、四月には三・六パーセントの低濃縮ウランの製造に成功したことを発表し、欧米諸国との関係は著しく悪化していく。

同年一二月に国連安全保障理事会は、すべての加盟国に対してイランへの核・ミサイル関連物資や技術の禁輸を義務付ける決議を採択。二〇〇七年三月には、イランへのすべての武器輸出の禁止に加え、イラン政府に対する人道・開発目的以外の新規資金援助の禁止を含めた新たな制裁決議が採択された。イラン核問題は、国連安保理を舞台とする制裁の実施という新たなフェーズに突入した。

しかし、こうした国連安保理決議でもイランのウラン濃縮活動を止めることはできず、二〇〇八年三月には三度目の制裁決議が安保理で採択され、新たにイランの貨物用航空機や船舶の検査実施を加盟国に呼びかけるなど、さらに制裁内容が強化されることになったのである（『変貌するイラン』）。

この間、イランとＩＡＥＡの協議は続けられたが、外交交渉が空回りするなかで、イランの核開発だけが着実に進行した。イスラエルによるイラン核施設への軍事攻撃が取り沙汰されるなか、新たに米国大統領に就任したバラク・オバマにとって、イラン核開発問題は最重要課題になっていったのである。

# 第2章　オバマ「核合意」の失敗

## イランとの対話を進め、イスラエルに圧力

二〇〇九年一月、大統領に就任したバラク・オバマにとって、「核なき世界」へ向けて核軍縮や核拡散防止の分野で何らかの成果をあげることは大きな目標であり、そのためにイランの核開発問題の解決のために取り組むことは、外交分野における最優先課題の一つだった。

オバマ政権は発足当初から、米国が長年敵対してきたイランに対して対話を呼びかける柔軟姿勢を見せ、三月二〇日のイランの新年に際してオバマ大統領は、ビデオ・メッセージを通じてイランに対話を呼びかけた。またその直後の三一日には、オランダで開催されたアフガニスタン国際会議で、リチャー

ド・ホルブルック米特使が、イランのモハムマド・アーホンドザーデン外務次官と初めて接触した。

さらに五月にはオバマ大統領がイラン最高指導者ハメネイ師に書簡を送り、対話を望むメッセージを伝達したと報じられ、六月上旬には国務省が各国米大使館に独立記念日の公式パーティーに、イラン外交官を招待するよう通達を出すなど、立て続けに対話攻勢を仕掛けた。

そして六月四日にオバマ大統領は、エジプトのカイロで、のちに有名になる世界のイスラム教徒に向けた大演説を行なった。この演説でオバマ大統領は、パレスチナ人の苦しみを、ナチス支配下のユダヤ人のそれと同列に扱い、「パレスチナ人たちは毎日のように『占領による』屈辱を耐え忍ばなければならない」などと述べて、相当踏み込んだ「パレスチナ寄り」の姿勢を見せた。米国の大統領としては通常あり得ない姿勢である。

イスラエルとパレスチナの中東和平交渉は、オバマ政権の中東政策の柱の一つだったが、中東和平とイランへの対話を同時に進めることが同政権の戦略の一つだった。

ブッシュ前政権の場合、イスラエル寄りの新保守派（ネオコン）の助言を採り入れて、中東和平をほかの中東における問題とリンクさせること自体に反対し、イスラエルに対していかなるかたちであろうと圧力をかけない中東政策をとっていた。この点は現在のトランプ政権も同じである。

これに対してオバマ政権の中東政策チームは「イスラエルがパレスチナに対する圧政を強めれば強めるほど、反イスラエル感情とともにそのイスラエルの後ろ盾になっている米国に対する反感も強まり、アラブ諸国やイスラム世界で反米を掲げるイスラム過激派勢力やイランなどの人気が高まる」と考えた。

　そこでアルカイダやイランの影響力を抑えるためにも、米国はイスラエルによるパレスチナの弾圧をやめさせて中東和平を推進しなければならない、と考えたのである。

　確かにイスラム教スンニ派過激派のアルカイダにしても、シーア派のイランにしても、パレスチナ問題を「利用」して反米・反イスラエル感情を煽り、自分たちの活動に対する支持基盤を拡大させようと狙っていたので、こうした勢力に対する、いわば「思想戦」に勝つためにも、オバマ政権はイスラム社会における自国のイメージの改善を重要視した。

　言うまでもなくブッシュ政権の八年間で、中東・イスラム世界における米国の評価や信頼は急降下した。この状況を変えるために、オバマ政権がいち早く取り組みを始めたのが中東和平プロセスであり、これを進めるためにもイスラエルの入植地拡大の凍結は絶対条件だとして、イスラエルに対して猛烈な圧力をかけたのである。

　同時にそれまでのタブーを破り、オバマ政権高官がイスラエルの核保有について触れ、「イスラエルも核兵器不拡散条約（ＮＰＴ）に加盟しなくてはならない。そして核兵器の保有を認めたうえで、この核兵器備蓄を破棄しなければならない（ローズ・ゴテモラー国務次官）」と述べ、イランの核開発をやめさせる一方で、イスラエルの核保有にもメスを入れ、例外なしの〝中東非核化構想〟を実現すると発表した。米国の中東政策としては極めて大胆で画期的なアプローチだったといえる。

## 頓挫した「オバマ提案」

オバマ政権とイランの長期にわたる交渉の〝第一ラウンド〟は、革命以前から存在するテヘランにある研究炉に必要な燃料をめぐる問題であった。

一九六七年以来、イランはテヘランにある研究炉でがん治療などに使われる医療用アイソトープを製造していた。この研究炉はもともとシャー・パーレビ政権に対して米国が技術提供したものであり、それ以来イランは数十年間にわたり国際原子力機関（ＩＡＥＡ）の監視の下でこの研究炉を操業していた。

この研究炉では一九・七五パーセントの低濃縮ウランが使用されるが、これは九〇年代前半にアルゼンチン政府によって提供されたウランだった。しかしその在庫が二〇一〇年に尽きてしまうため、二〇〇九年五月にイラン政府はＩＡＥＡに対して新たな燃料の供給を求めたのである。

この状況にオバマ政権が敏感に反応した。オバマ政権は、第三国から新たな濃縮ウランをイランに提供する代わりに、イラン自身が国連安保理のたび重なる決議に違反して、ナタンズにあるウラン濃縮施設で過去数年間蓄積してきた低濃縮ウランを使ってはどうか、と考えたのである。

ナタンズにある濃縮施設の存在が明らかになったのは二〇〇二年のことだったが、それから七年間でイランはすでに一・五トンもの低濃縮ウランを蓄積していた。

もしイランがすべての査察官を追放し、核兵器開発に向かうと決意したとすると、原爆一個を製造するのに約一トン程度の低濃縮ウランが必要なため、イランはすでに十分にその潜在力を有していた。これが米国やとりわけイスラエルをナーバスにさせていたため、イランがすでに蓄積しているこの低濃縮ウランを何とかしなくてはならない、と米国は考えていた。

そこでオバマ政権は、このイランが蓄積している低濃縮ウランを一度国外に搬出し、軍事転用できないかたちに加工して医療用アイソトープ製造用としてイランに戻すのであれば、イランの核兵器開発をめぐる緊張をひとまずやわらげることができる、と考えたのである。

この提案を進めるため、オバマ大統領自ら積極的に動いた。七月初頭にモスクワへ飛んだ大統領は、まずこの問題でロシアの首脳に協力を求めた。もしイランが自国の低濃縮ウランをモスクワに運ぶことに合意すれば、ロシアはその濃縮率をさらに高め、それをフランスに送って医療用アイソトープ製造用に加工。イランはこれを兵器級のウランに転換する技術を持っていないため、フランスが加工した濃縮ウランは医療用、すなわち平和利用しかできないというわけだ。

ロシアは「素晴らしいアイデアだ」と言って即座にこの案に乗ってきたという。もちろんロシアはこの濃縮作業を「ただ」で請け負うわけではない。原子力ビジネスを促進する観点からも、ロシアにとって魅力的な提案であり、断る理由はない。この点はフランスも同様だった。

この後、イラン、ロシア、フランス、米国の政府高官がさらに秘密裏に交渉を進め、九月中旬にオバマ大統領がIAEAのエルバラダイ事務局長に電話を入れ、米国がこの取引に前向きである旨を伝えた。

そしてエルバラダイ事務局長からこの提案を受けたイラン政府もまた取引に前向きな姿勢を見せ、二〇〇九年一〇月にジュネーブでP5（安保理常任理事国五か国）＋1（ドイツ）とイランの直接協議へと進展した。

この「オバマ提案」の最大のポイントは、イランが蓄積している低濃縮ウランの八〇パーセントにあたる一・二トンをロシアとフランスに搬出してさらなる濃縮や加工を委託するという点にあった。これによりイランが蓄積してきた濃縮ウランの大部分が「平和利用向け」に加工されることから、「核兵器を開発しようとしている」と疑われてきたイランに対する疑いが完全に晴れることにはならないものの、大きくその信頼回復につながると思われたのである。

一〇月のジュネーブ協議で、イランはこの構想に合意したが、イラン国内では保守派から「改革派」まで幅広い層が反対の声をあげ、アフマディネジャード政権を激しく攻撃した。

かつてイランの核問題交渉責任者をつとめたアリ・ラリジャニ国会議長は「西側諸国はイランを欺こうとしている。彼らは我々の濃縮ウランを返すつもりなどない。現行の不拡散条約の規定によりほ

イランの最高指導者ハメネイ師は、米国に対する強い猜疑心を持ち、対米交渉には常に慎重。（Khamenei.ir）

かの核保有国はイランに新しい燃料を供給する義務があるはずだ」と述べてこの提案を批判した。

二〇〇九年の大統領選挙でアフマディネジャード氏と争った改革派のムサビー氏も「もしこの西側との約束が履行されたら、何千というわが国の科学者の懸命な努力が無に帰してしまう」と述べて政府を猛烈に批判した。

三〇年以上に及ぶ相互不信の積み重ねによってできた米・イラン間の溝は、そう簡単に埋められるものではなかった。米国に対する根深い不信感を最も明確に語ったのは、ほかでもないイランの最高指導者ハメネイ師だった。一一月三日、同師は「米国と交渉することは、世間知らずで邪道に陥ることだ。イランの政治家は騙されてそのような交渉を開始するべきではない。(中略)米国と取引する時には極度に慎重にやらなければならない」とイラン政府の交渉担当者を批判した。

結局、イランは「もし米国やロシアが約束を破ったら、イランは苦労して貯めた低濃縮ウランを取り上げられることになる。だからイランの差し出す三・五パーセントの低濃縮ウランと第三国が供給する二〇パーセントの濃縮ウランをイラン国内で交換すべき」と主張して譲らず、このオバマ構想は頓挫した。

そして二〇一〇年二月、イランは二〇パーセント濃縮ウランの製造に成功したことを発表し、自国で濃縮ウランを製造する道を進んだのであった。

## 対イラン経済制裁を強化したオバマ政権

これを受けてオバマ政権は「対話」路線から「新たな国連経済制裁を科してイランを孤立させる」路線へとギアを切り替えた。

二〇一〇年五月、米国はイランに新たな経済制裁を科すための国連安保理決議案の草案にロシアと中国が合意したと発表した。

オバマ大統領は、政権発足当初、ブッシュ前政権と違ってイランへの対話路線を続け、ロシアやフランスなどの国際社会を巻き込んでイランのウラン濃縮を制限する画期的な提案を行なったが、イランがこの提案を拒否したことから、オバマ政権が強硬路線にシフトした際にも、ロシアや欧州諸国はすんなりと米国に協力し、イランが国際的に孤立することになった。

国連安保理による新たな制裁の内容は、イランの金融機関を対象とした制裁や、とくに核開発で中心的な役割を果たしているイラン革命防衛隊を対象にしたものだった。新しい要素としては、過去の対北朝鮮制裁にならい、イラン向けもしくはイラン発の貨物を運ぶ船舶や航空機に対して、禁制品が含まれているという疑いがある場合には、国連加盟国が積み荷の検査を実施できるとした点にある。

またオバマ政権は七月一日、イランの燃料輸入を制限し、イランの孤立を目的とした包括的制裁法案にも署名。オバマ大統領は「これは今日までに可決された制裁法案よりも厳しく、イラン経済の根幹である石油・ガス部門の近代化や石油精製品の購入をより一層困難にするものだ」と述べ、イランがウラン濃縮を続ければ「国際社会の圧力は一段と強まる」と述べて、イランに対する圧力を強めた。

この包括的制裁法では、イランにガソリンを提供した企業や革命防衛隊、もしくはイランの核プログラムと関わりをもった国際的金融機関が制裁対象とされた。また、イランの主要銀行や革命防衛隊と取り引きした外国銀行は米金融システムへのアクセスが許可されないといった制裁措置も含まれていた。

しかし、オバマ政権は、制裁を強化する外交を進めながら、イランとの対話の窓口を閉ざすことはなかった。

包括的制裁法についても、その内容は極めて厳しいものだが、「イラン問題で米国に協力的な国の企業に対しては制裁の対象に含めない」権限をオバマ大統領に認めている点が重要であった。つまり、イランの核問題について、米国に協力している国々の企業に対しては、この厳しい内容の制裁は適用されないということであり、オバマ大統領が「米国に協力的かどうか」の判断をできるような〝抜け道〟が用意してあった。

米国と共同歩調をとる欧州連合（EU）のアシュトン上級代表は、国連安保理の対イラン制裁が発表された直後に、イラン政府に対して交渉再開を呼びかけ、六月二九日には、ロシアが主導して、五月にブラジルとトルコがイランとまとめた濃縮ウラン交換提案について、具体的な協議を進めるため、国連での専門家会議を開催することを提案した。

これに対してイラン政府は、七月に入ると欧米諸国との核開発をめぐる交渉を二〇一〇年九月に再開する可能性について言及するようになった。

国連安保理による経済制裁にもかかわらず、アシュトン上級代表は「イラン核問題の解決は交渉によってしか達成できない」ことを強調し、安保理の制裁とは「我々が真剣であり、交渉を強く求めている」という態度を示すことにあると述べた。これはオバマ政権のイランに対する態度と共通していた。

## 二〇一一年七月までにイスラエルがイランを空爆？

二〇一〇年九月に欧米諸国とイランの交渉が再開されるとの観測が強まるなか、米国のメディアでは〝イスラエルが二〇一一年七月までにイランを空爆する〟といった議論が盛んに取り上げられるようになった。

議論の火付け役は、米有力誌『アトランティック・マンスリー』に掲載されたジャーナリスト、ジェフリー・ゴールドバーグ氏の『もはや後に引けない限界点（The Point of No Return）』という論文だった。ゴールドバーグ氏は四〇人近くの主にイスラエルの現職もしくは元高官などに広範なインタビューをした結果、「二〇一一年七月までにイスラエルがイランの核施設を攻撃する可能性は五〇パーセント以上ある」と結論づけたのである。

結論はともかく、この論文はイスラエル側のロジック、つまりイスラエルがイランの核開発をどのように受け止め、イラン核武装の脅威がイスラエルにとっていかなるものかを知るうえで極めて貴重な内容を含んでいる。以下、この記事で報じられたいくつか重要な証言を紹介したい。

まず、イスラエルのオバマ政権に対する不信感について、ある高官は次のように述べた。

「我々はオバマ大統領のカイロ演説を注意深く分析した」

このイスラエル高官は、オバマ大統領が世界中のイスラム教徒に対して、米国がどれだけイスラム教に敬意を払い、イスラムと近いかを語り、イスラム社会との「リセット」を強調した二〇〇九年六月のカイロ演説について以下のように述べた。

「（この演説を分析した結果）我々は、この大統領がイランに対して大胆不敵な攻撃を開始できるような人物ではないと結論づけた。この大統領はイランを攻撃するというよりはむしろ、核武装したイランを封じ込めるための政策をとるのではないかと我々は懸念している」

この高官は、ブッシュ前大統領でさえイラン核施設の攻撃に尻込みし、イスラエルにイラン攻撃を思いとどまらせるように圧力をかけたことを引き合いに出し、オバマ大統領がイラン攻撃のような途方もない軍事的冒険ができるような人物ではない、とイスラエル政府が分析していることを示唆した。

またゴールドバーグ氏は、ネタニヤフ首相の脅威認識やイスラエルの安全保障に関する個人的な思い入れについてもページを割いて解説した。とくに強硬なシオニストで当時百歳になっていた父親ベン・シオン・ネタニヤフの薫陶を受けて、ネタニヤフ首相がユダヤ民族とイスラエル国家の安全保障に対して常人を超えた特別な思い入れを持っていることを説明した。

ゴールドバーグ氏とのインタビューでネタニヤフ首相は、

「イランの指導者は、イスラエルの破壊と消滅について語る一方で、同時に我々の消滅を可能にする兵器の開発を進めている」

と述べて、イスラエルという国家が消滅の危機に瀕しているにもかかわらず、国際世論がそのことを深刻に受け止めていないのは驚くべきことだと述べた。

ネタニヤフ首相によれば、イランの核保有は、イスラエルを直接核攻撃するということ以外にも、さまざまな点でイスラエルに大きな脅威を与えるという。

一つは、ヒズボラやハマスのようなイランの支援を受けて活動する「テロリスト」が、イランの核の傘の下でロケット攻撃などのテロ攻撃をより大胆に行なうことができる点だ。これによりローカルな紛争がグローバルな核戦争へと発展する危険が増大する。

二つ目は、このような中東のイスラム過激派にとどまらず、世界中のイスラム過激勢力が勇気づけられ、活気づいて自分たちの過激主義に自信を深めてしまう点である。さらに核武装したイランがアラブ諸国に対してイスラエルと和平を結ばないように圧力をかけることが可能となり、アラブ・イスラエルの対立と分裂が恒久化してしまう。同時に、イランに対抗するかたちでアラブ諸国の核武装にも拍車がかかり、中東における核軍拡競争が始まるというのであった。

さらに別のイスラエル高官は「イスラエルという国家の生活のクオリティが落ちることがシオニズムにとっての最大の脅威である」と述べて、「安息の地」を目指してこの地に移り住んできたユダヤ民族にとって、敵国による核攻撃の脅威の下で暮らさなければならないという状況は、イスラエルという国家にとっての危機を示す。もしそのような状況が生まれたら、米国の大学で学ぶ機会を与えられた者は迷わず米国へ行き、そこで職を得る機会を与えられた者は迷わずそこで職に就き、イスラエルからの頭脳流出に拍車がかかる。そうなればイスラエルという国家のバイタリティが失われてしまうとの懸念を示した。

そもそもイスラエルの初代首相デヴィッド・ベングリオンが核兵器開発に必死に取り組んだのは、それが唯一ユダヤ民族を虐殺の危険から守ることのできる兵器だと考えられたからだ。つまり中東でイスラエルという国家が核兵器を独占しているという状況があってはじめて、ユダヤ民族はホロコーストの傷跡から癒され、迫害の脅威から解放されて安心して生活ができるというのである。

こうしたイスラエル側の切迫した脅威認識からすれば、オバマ大統領をはじめ米政府高官の態度は、あまりに他人事のようで危機感が欠如していると感じられることをゴールドバーグ氏は示唆した。ちなみにこうしたイスラエルの脅威認識やオバマ政権に対する歯痒さは、アラブ諸国でも共有されており、あるアラブの外相は、

「イランに対する攻撃を避けたいと思うのであれば、米国がイランを攻撃するとイランに思わせることだ」

と述べて、イランは〝核開発をやめなければやられる〟と認識しない限り核開発をやめることはないという単純なロジックを紹介し、オバマ政権のとる対話アプローチはまったくの逆効果である、と

主張した。

ちなみに国家安全保障長官だったデニス・ブレアがオバマ大統領から解任されたのは、ブレア氏がこの事実を大統領に伝え、オバマ政権の穏健アプローチがイランを勇気づけ、核開発を後押しすることに貢献してしまっていることを警告したためだったと、ゴールドバーグ氏は書いている。

このような米国とイスラエルの決定的ともいえる脅威認識の差から、イスラエルは最終的には米国に事前に相談することなくイラン空爆を決行する可能性が五〇パーセント以上存在し、その期限が二〇一一年七月頃というのが、この記事の結論だった。

## 米・イスラエルが仕掛けた「サイバー攻撃」

二〇一〇年九月に再開が予定されていたイラン核問題をめぐる欧米諸国とイランの交渉は、主にイラン側の事情で延期になっていた。九月二六日、イラン国営通信は、イランの産業関連のコンピューター約三万台が「スタックスネット」という新しいコンピューター・ウィルスに感染したと報じた。同年八月に稼働態勢を整えたイラン初の原子力発電所「ブシェール原発」でも、職員のコンピューターが感染していることが明らかになった。

スタックスネットは、工場や発電所の工程制御システムを標的とし、プログラムを書き換えてしまう攻撃型のウィルスだった。これはイランのウラン濃縮施設のコンピューターを攻撃して、遠心分離機をコントロールする制御システムのプログラムを操作することを目的にした最新のサイバー攻撃だと考えられた。

のちに明らかになったことだが、これはブッシュ政権の時代に始められた米国とイスラエルの共同作戦で、「オリンピック・ゲーム」という暗号名の秘密作戦だった。CIAの情報作戦センターと米エネルギー省傘下のアイダホ国立研究所、それに米国家安全保障局（NSA）とイスラエル軍のサイバー部隊「Unit8200」が共同で実施したもので、サイバー攻撃によりイランの核開発計画に打撃を与えることを目的とされた特殊作戦だったのである。

一一月二九日、アフマディネジャード大統領が、イラン国内のウラン濃縮施設で新型コンピューター・ウィルス「スタックスネット」の被害が出ていたことを認める発言をし、米国やイスラエルによる攻撃だったとの見方を示した。

「彼らはいくつかの我々の遠心分離機に問題を生じさせるようなソフトウェアを我々のコンピューターにインストールさせることに成功した」

アフマディネジャード大統領はこのように述べ、ブシェール原発に続き、ナタンズ濃縮施設でもこのウィルスによって「遠心分離機に問題が生じていた」ことを認めたのである。

スタックスネットに関しては、それまでも「米・イスラエル犯行説」が有力視されていたが、二〇一一年六月一日に米紙『ニューヨーク・タイムズ』のデヴィッド・サンガー記者がその詳細をスクープした。

米国は、イランに経済制裁で圧力をかけるだけでなく、こうした秘密工作を通じてイランの核開発に打撃を与える活動も行なっていたのである。また一一月末にはテヘランでイラン人核科学者が爆弾で殺害される事件も起きており、イランの情報相は「西側情報機関の仕業だ」として米、英、イスラエルを公然と非難した。

このように安保理を通じた制裁、米政府独自の制裁に加え、米・イスラエル軍や情報機関による攻撃を受けたイランは、米政府に対する猜疑心を強め、交渉に消極的になっていったとしても不思議ではなかった。

## イラン核開発進展と欧米による制裁の強化

二〇一〇年一二月六、七日の二日間、P5（安保理常任理事国五か国）＋1（ドイツ）の六か国とイランの交渉が約一年二か月ぶりにスイスのジュネーブで再開されたが、協議は双方の主張が平行線を辿り、今後協議を継続するということだけが同意された。

協議後、イランのジャリリ代表は、一一月末にテヘランで殺害されたイラン人核科学者の写真の前で八〇分間に及ぶ独演会を行なった。イラン政府はこの科学者がイスラエル、米国、英国のスパイ機関によって暗殺されたとし、核交渉の前に「言うことを聞かなければこうなるぞ」という見せしめのためにやったのだ、と主張して欧米諸国を激しく非難した。

またアフマディネジャード大統領も、ウラン濃縮活動を含めいくつかのイランにとってのレッドラインを明確にした。すなわち、①ウラン濃縮活動を継続すること、②二〇パーセントの高濃縮ウランの製造を継続すること、③原子力発電所の建設を継続すること、この三つに関しては交渉の余地はないとして、今後二〇基の原発をつくる計画を発表するなど強硬な姿勢を見せた。

これに対して米国とEUの代表者は、イランに対するさらなる経済制裁の強化を検討し、オバマ政権は一二月二一日に、独自のイラン制裁を発表した。新たな制裁強化策では、イラン大手の二つの銀行と財団が、革命防衛隊に融資や支援を行なっているとして制裁対象に加えられた。また米財務省は、イラン最大の船会社イラン・シッピングレーン社の主要な海事保険業務を請け負っている保険会社も新たに制裁対象に加えるなど、じわじわと制裁が厳しさを増していった。

米国によるイランへの制裁が強化され、イランの国際的な孤立が進んでいたこともあり、二〇一一年七月までにイスラエルがイランを軍事的に攻撃することはなかったが、同年終わり頃からイランが核開発をさらに拡大させたことから、米国をはじめとする国際社会のイランに対する態度はますます硬化していった。

そして二〇一一年一一月、国際原子力機関（ＩＡＥＡ）がイランの核兵器開発を強く疑う報告書を発表し、イランもウラン濃縮活動を加速させたことから、国際社会からの対イラン圧力がさらに強まることになった。

一一月八日、ＩＡＥＡは新たな報告書を発表し、「イランが秘密裏に実施しているさまざまな活動が、核兵器の製造を意図しているものである可能性が高い」と報告し、「イランが核兵器をミサイルの弾頭を通じて運搬できるようにする手段を研究し続けている」としてイランを非難。ＩＡＥＡとして初めて、イランが核兵器開発に従事している可能性を強く打ち出したのである。

またイランは、聖地コムに近いフォルドーに新たな濃縮施設を稼働させたことも明らかにした。これまでの主要な濃縮施設だったナタンズ施設と比べ、このフォルドー施設は山間の地中に建設されているため空爆で破壊することはできないと懸念された。イランは、通常兵器での攻撃が困難な新たな施設で、ウランの濃縮度を二〇パーセントまで高めるという極めて危険で挑発的な行動をこのタイミングで開始したのである。

このＩＡＥＡの報告書とイランの新たな核開発活動を受けて、オバマ政権はさらに経済制裁を強化した。オバマ大統領は「大統領命令１３５９０」を発令し、イランの石油・ガス分野の開発、採掘や石油やガスの抽出といった上流部門の活動に対して資材やサービスを提供する企業に対しても制裁を科すことにした。

すでにこれまでの制裁で石油・ガスの上流部門おける大規模な投資はできないようになっており、多くの大企業はイランから撤退していたが、イランはこの制裁を避けるため、国内企業や中小の外国企業に技術や機材やエンジニアリング・サービスを委託して石油・ガス資源の開発を続けていた。

今回新たに発表された制裁は、こうした資材やサービスの提供にまで範囲を広げたことで、イランに掘削のための機器を販売したり、エンジニアリング・サービスを提供することまで対象にしたのである。

さらに一二月には、欧州連合（EU）がイラン企業の資産凍結などの追加制裁を決定し、日本政府もイランに対する追加制裁を閣議決定した。一二月末には、米政府が原油代金の決済に使われるイラン中央銀行と取り引きする外国銀行に制裁を科す法律を新たに成立させ、イランに対する経済制裁を著しく強化し、イラン経済を締め上げる政策を進めた。

大統領就任後、イランとの対話を打ち出したオバマ大統領だったが、政権第一期の間は、経済制裁の強化とイラン核開発加速の応酬により、対立がますます深まることになった。この流れが変わるには、イランに新たな指導者が現れるのを待たなくてはならなかった。

## ロウハニ新大統領の登場で再開された核交渉

二〇一三年はイランの核開発問題をめぐる対立が重要な転換点に差しかかる年になった。イスラエルは〝イランのウラン濃縮活動が二〇一三年の春から夏頃までに最終段階に到達する〟との見方を示し、国際社会に対し〝二〇一三年夏までがイラン核武装化を防ぐ最後の機会〟であり、それまでにイランの核開発に歯止めをかけられなければ、軍事行動を起こすことを強く示唆した。

二〇一三年上半期はイラン核開発問題を外交的に解決するための最後のチャンスになると見られたが、その最後の最後の段階で、イランに新たな大統領が誕生した。六月の大統領選挙でイランの国際的な孤立状況を改善させることを公約に掲げたハッサン・ロウハニ氏が当選し、八月に新大統領に就任したのである。

ロウハニ新大統領は、二〇〇一年九月一一日の同時多発テロ後に、米国とイランが短期間接近し、アフガン戦争後の、ポスト・タリバン新政権誕生のために協力した時の国連大使だったモハンマド・ザリフ氏を外相に据えて、再び米国との対話路線に乗り出したのである。

九月一八日、ロウハニ大統領は米ＮＢＣニュースのインタビューに答えて、「いかなる状況下であっても、我々は核兵器を含む大量破壊兵器を求めることは決してない」と断言して、「イランが核兵

オバマ大統領は第二期政権の最大の外交課題をイラン核問題に絞り、精力的に取り組んだ。（shutterstock）

器保有を目論んでいる」とされる疑惑を全否定した。

またオバマ大統領から受け取った書簡は「ポジティブであり建設的なものだ」と述べて、米政府からの関係修復のアプローチを前向きに捉える姿勢を示した。

さらに九月二〇日、ロウハニ大統領は米紙『ワシントン・ポスト』に寄稿し、「世界と建設的なインターアクションを行なう」と宣言し、どちらか一方が得をするゼロサム・ゲームではなく、両者が目的を共有することのできる「建設的な関与（コンストラクティブ・エンゲージメント）」を目指して、西側諸国だけでなく、近隣の競合国とも対話を求める姿勢を明らかにした。

ロウハニ大統領は、米国との関係改善だけでなく、「近隣の競合国」であるサウジアラビアとも対話による関係改善を求める姿勢を明確にしたのである。

これに対して、オバマ政権は同年九月一八日にホワイトハウスのジェイ・カーニー報道官が「我々はロウハニ政権と相互尊重の基本に則って核問題の平和的解決を達成するための対話を行なう準備がある」との声明を発し、ロウハニ政権との対話に積極的な姿勢を見せた。

そしてオバマ大統領は、九月二四日の国連総会における演説で、残りの任期の外交の焦点を「イランとの核開発問題」と「イスラエル・パレスチナ和平」の二つに絞る方針を明らかにした。

長い間イランとの関係がこじれ、その修復は容易ではないが、「もし我々がイランの核開発問題を解決することができれば、これまでとは異なる相互利益と相互尊重に基づく関係に向けて進むための大きな一歩になると考えている」と述べ、核問題を皮切りに両国関係の改善を進めたい、という意向を鮮明にした。

「大統領になって以来、私はイランの最高指導者への書簡の中で、また最近ではロウハニ大統領への書簡の中で、米国がイランの核兵器の開発を防ぐ決意でいるが、同時にイランの核開発問題を平和的に解決することが望ましいと思っていることを伝えてきた。我々は体制転換を求めておらず、イラン人が平和的な原子力エネルギーへアクセスする権利を尊重することも伝えた。その代わり、イラン政府は核不拡散条約と国連安保理決議の下での責任を果たすことを主張してきたのだ」

「最高指導者は核兵器開発に反対するファトワー（イスラム法に基づく見解）を出し、ロウハニ大統領も最近イランが決して核兵器を開発しないことを繰り返した。これらの声明が我々両国の意味のある合意の基盤となるべきである」

と前年のハメネイ師の声明と最近のロウハニ大統領の発言に言及し、オバマ大統領はかつてないほど踏み込んでイランに対する呼びかけを行なった。

そして九月二七日、オバマ大統領はロウハニ大統領と電話で会談し、国交断絶後初めて、米・イランの首脳が直接話をする歴史的な一幕を見せた。

この日、オバマ大統領は次のような声明を出した。

「たった今、私は電話でイラン・イスラム共和国のロウハニ大統領と話をした。我々二人は、イラン核開発問題に関する合意を達成するために現在進行中の努力について議論した。私はロウハニ大統領に対して私がニューヨークで言ったこと（国連総会での演説）を繰り返し伝えた。前進するには無視できないいくつもの障害があり、（この交渉の）成功は保証されたものではないが、私は我々が包括的な解決に到達することができると信じている」

同日、イランと米国を含む国連安保理常任理事国のメンバー＋ドイツ（P5＋1）の代表者による会議が行なわれ、一〇月一五日から本格的な討議を開始することが決まった。

こうして八月のロウハニ大統領の登場以来、イランと米国は対話路線へと一気に舵を切り、P5＋1とイランの核交渉が再開され、同年一一月には暫定的ながら第一段階の合意に漕ぎ着けた。イランがウラン濃縮活動を縮小、もしくはこれ以上の拡大を停止し、重水炉の建設停止などのステップをとるのに対し、P5＋1側はイランに対する制裁を部分的に緩和、もしくは停止させ、追加的な制裁を行なわないことに同意。イランによるこれ以上の核開発を停止させ、信頼醸成を進めることに主眼が置かれた合意だった。

## 相互不信を乗り越えて辿り着いた核合意

しかし、それから数か月間、交渉は難航し、イランと米国の関係が再びぎくしゃくし始めた。原因の一つは、米軍に対するイランのサイバー攻撃が発覚したことだった。二〇一四年二月一八日付の米紙『ウォールストリート・ジャーナル』によれば、一三年八月に米海軍はイランのハッカーが内部のネットワークに侵入したことを発見したが、米海軍のサイバー防衛部門はその駆除に四か月もかかったことが明らかになり、米議会などで大きな問題となった。

ハッカーが侵入したのは海軍・海兵隊・イントラネットと呼ばれる海軍省が使っているネットワークだった。

米インテリジェンス・コミュニティでは、二〇一二年初め頃まで「イランのサイバー攻撃能力は限定的」だとする見方が一般的だったが、そうした見方は一変した。国防総省筋の情報として、同紙はこのサイバー攻撃の損害からネットワークを修復するのに概算で一千万ドル以上の費用がかかるとの見通しを伝えた。

また米政府内では、現在の核交渉に関して「制裁を簡単にゆるめるべきではない」という意見が噴出し、とりわけ核交渉の議題にイランの弾道ミサイル開発も含めるべきだとの意見が強く出されるようになった。

イランの革命防衛隊が二月初めに射程一五〇〇キロを超す弾道ミサイルの実験を実施したことから、米政府の中で、ウラン濃縮や重水炉原発の問題だけでなく、それまで核交渉のテーマになっていなかった弾道ミサイル開発問題を含めるべきだとの意見が急速に強まり出したのである。

実際この頃、イランと欧米諸国の核交渉においても、米政府とイラン政府の代表は弾道ミサイル問題をめぐり火花を散らせていた。イラン側は「弾道ミサイル・プログラムを含めるなど問題外だ」との姿勢を崩さず、核開発問題に焦点を絞ることを主張し、米政府代表と衝突していたのである。

一方、イラン国内の保守派の間でも、欧米諸国との核交渉に慎重になるべきとの意見が強まり、ロウハニ政権が安易に「妥協」することに対する警戒と反発が強まっていた。

二〇一四年一月九日には、イランの最高指導者ハメネイ師が久々に米国を強く非難するスピーチを行なった。同師の対米批判は、前年の欧米諸国との核交渉再開の際には、かなり抑制的になっていたが、ここに来て「米国の敵対的姿勢に変化はない」といつものトーンに戻るようになった。ハメネイ師は「イラン・イラク戦争時は今よりももっと苦しかった」とも述べ、当面大きな制裁解除が得られなくても耐えるべきだともとれる発言を展開した。

ロウハニ大統領登場後、一気に交渉は進展して暫定合意まで進んだものの、二〇一四年は大きな進展のないまま核問題協議が続けられ、交渉は長期化した。対話路線での成果が見えず、それぞれの国内での批判が強まるなか、柔軟な対話路線から強硬な姿勢に変わる力学が米・イラン双方に見られた。交渉が長引けば長引くほど、「成果」を求める国内の世論は強まり、妥協のための柔軟性が失われていく悪循環に陥った。

双方の外交官どうしは、長引く交渉の過程で一定の個人的な信頼関係を築いたが、両国とも国内強硬派からの突き上げが強く、中途半端なディールに合意することはできなかった。

結局、最終的な合意は、二〇一五年七月まで待たなければならなかった。同月一四日、欧米など六か国とイランは、ついにイラン核問題の外交的な解決に向けた最終合意に達したと発表。双方は合意文書として約一六〇ページに及ぶ「包括的共同行動計画（JCPOA）」を同時に発表した。

イランはウラン濃縮に使う遠心分離機について現状の三分の一以下に減らし、この状態を一〇年間維持する。その時点でイランは保有していた低濃縮ウランの備蓄の九八パーセントを国外に搬出し、その後一五年以上にわたり、核兵器向けの高濃縮ウランやプルトニウムを製造・取得しない。イラン西部のアラクで建設中の重水炉は設計を変更し、兵器に使えるプルトニウムを製造できないようにすることなどに合意した。

交渉にあたったジョン・ケリー米国務長官は「イランが核爆弾一個分の核物質を入手するまで一年以上かかる状態になり、これを一〇年間維持できる」と合意の意義を強調した。しかし、この一〇年という期限は、のちに大統領に就任するドナルド・トランプ氏を含む、この核合意に反対する勢力に対して〝深刻な欠陥〟として批判される主要なポイントとなった。

国連と米欧は、イランが合意内容を履行するのを確認したうえで制裁を解除することに合意。各国のメディアは、この核合意を、「歴史的な合意」として概ね好意的に報じた。

同日、オバマ大統領は一五分弱のスピーチで、この合意の意義について説明した。大統領は、半世紀以上前に当時のケネディ米大統領がソ連との交渉の際「恐怖にかられて交渉をしてはいけない。だが交渉するのを怖がってもいけない」と述べたことを引用し、米国が「強い立場と強固な原則の下」でイランと二年間に及ぶ粘り強い交渉を行なったこと、そして、深刻な国際問題の解決策として、外交が機能することを証明できたことを、自信に満ち溢れた表情で語った。

またオバマ大統領は、この合意なしにイランの核開発を制限する方法はなく、放っておけば中東全域に核軍拡競争が広まる恐れがあったことを指摘した。外交的に止められなければ、その代わりの政策は軍事オプションしかなくなるとして「簡単に言えば、この合意がなければ中東でさらに多くの戦争のリスクが高まるのだ」と述べた。

さらに今回の合意に批判的な勢力に対して、この合意にケチをつけるのであれば、もう戦争するしか方法はなくなるぞと述べ、これ以上の中東での戦争に巻き込まれることに反対する米国の世論に支持を訴えた。

のちにトランプ政権が核合意を破棄してから二年と経たない間に米・イランが戦争の瀬戸際に追い詰められたことを考えると、このオバマ発言は極めて示唆に富んでいたといえよう。

## 動揺するサウジと激化する中東パワーゲーム

核問題で米国とイランが合意に至り、それまで国際社会から孤立していたイランが国際政治の表舞台にカムバックすることは、中東の地政学的構図に大きなインパクトを与えた。

とりわけイランと地域覇権をめぐってライバル関係にあるサウジアラビアは、欧米諸国からの圧力という重しがなくなったイランが、これまで以上に地域の問題に手を広げ、影響力を強めてくることを警戒した。サウジアラビアは、イスラム教スンニ派の指導的な立場を自認しており、シーア派のイランの影響力拡大を受け入れることは難しい。

国際政治のパワーゲームの世界では「ウィン・ウィン」の関係は現実的にはあまり成立しにくい。勝ち組が出れば負け組が出る「ゼロサム・ゲーム」が基本であり、イランの「国際社会への復帰」＝「勝利」は、サウジの「負け」につながるとサウジが心配したとしても無理はなかった。

実際、サウジアラビアから見れば、イランの地域内における勢力圏は確実に強まっており、オバマ政権はそうしたイランの影響力拡大を食い止めることに関心を払わず、むしろその手助けをしているとさえ感じていた。

イラクではイランの影響力の強いイスラム教シーア派の政権ができ、米国はそのシーア派政権を支援している。シリア紛争においてもイランはアサド政権を支援しているが、オバマ政権は、シリア紛争では過激派「イスラム国（ＩＳ）」の打倒を優先させ、アサド政権の打倒にはほとんど関心を払っていない。これはシリアにおいてもイランの影響力が維持されることを意味し、当然サウジアラビアは心中穏やかではない。

そんななかでさらにイエメンではフーシー派というこれもイランと友好的な勢力が政権を奪取して、それまでサウジアラビアが支援していた政権を打倒してしまった。こうした戦略的な状況から、サウジアラビアは「イランの代理勢力が各地で強くなっている」「自分たちがイランにとり囲まれている」と危機感を募らせた。

核合意成立後の八月二二日、イランは射程約五〇〇キロの新型国産短距離弾道ミサイル「ファテフ３１３」の試射を公開した。固形燃料を使い、従来型より精度が向上したことがメディアで報じられた。この日は「イラン国防産業の日」だったが、試射の公開式典でロウハニ大統領は、イランは「安全ではない地域に位置する」と述べたうえで「我々はこれからも必要な武器をつくり、（海外に）売却する」と強調した。核合意で国際社会復帰を果たしたイランは「行け行け」モードになっているようだった。

サウジアラビアのロビイストたちは、米議会への働きかけを強め、イランの弾道ミサイル開発をめぐる新たな対イラン制裁法の成立に努めたが、一二月三〇日、オバマ政権は米議会に対し、イランに対する新たな制裁の発動を延期することを発表。米議会やホワイトハウスに対するロビー活動を展開していたサウジ政府は、またしても敗北感を味わった。

敵対するイランが弾道ミサイルをいくら発射しても米国はイランに対する圧力をかけず、間もなく対イラン制裁は正式に解除され、彼らが国際社会に堂々と「復帰」することになる。イランはますますパワフルになり、シリアのアサド政権、イエメンのフーシー派、イラクのシーア派政権、それにバーレーンの反政府勢力やサウジ国内のシーア派反政府勢力にまで支援を拡大させるに違いない……サウジアラビアは猜疑心と危機感を募らせた。

こうしたサウジアラビアのイランに対する不満の表れが、二〇一六年一月のイランとの断交の裏にあったとされている。直接の原因は、サウジアラビアがシーア派の高位聖職者ニムル師を処刑したことに抗議するイランの民衆が、テヘランのサウジ大使館を襲撃したことであった。

イランとの断交を発表した声明の中でサウジアラビアのジュベイル外相は「我々はイランがわが国の安全保障を脅かすことを許さない。我々はイランがわが国や我々の同盟国にテロリストのセル（細胞）を動員・創出・設立させないことを決意した。我々はそのようなイランの企みを撃退する」と述べた。

これに先立つ二〇一五年一二月一五日、サウジアラビアは「テロとの戦いを進めるため三四か国で対テロ連合を結成した」と発表した。イスラム諸国を結集した「軍事同盟」であり、本部はサウジの首都リヤドに置かれ、エジプトやヨルダンなどの中東諸国、チャド、セネガルやナイジェリアなどアフリカ諸国からパキスタンやマレーシアなどアジアのイスラム諸国も加わった大連合になるとのことだった。

ＩＳのようなテロ組織に関する情報を交換・共有し、テロとの戦いに従事する部隊の訓練や支援を行なうとされ、もし要望があれば合同軍の派遣も選択肢に含まれる、とサウジ政府は発表したが、シリアなど中東地域内の安全保障問題に共同で介入し、イランの拡大にストップをかけるためのアラブ同盟形成を狙ったものと解釈された。

のちにトランプ政権が推し進めることになるイラン包囲網のための中東版ＮＡＴＯ構想は、このサウジが主導した反イラン軍事同盟が下地になったと考えられる。

サウジアラビアはその後も、あらゆる影響力を使ってイランを孤立させ、追い込む外交を積極的に展開した。一月一〇日にはアラブ連盟（二一か国・一機構）がエジプトの首都カイロで緊急外相級会議を開催、イランでサウジアラビア大使館が襲撃された事件への対応を協議した。

サウジのジュベイル外相は会議で「イランはサウジの内政に干渉している。これを排除するために我々はあらゆる手段をとる。サウジアラビアとアラブ世界は『もうこれ以上我慢できない』と声を上げるところまで来た」と述べて、あらためてイランを痛烈に非難した。

こうして、イラン核合意成立によってイランが米国との関係を改善させ、国際社会への復帰を果たすことは、米国の従来の同盟国サウジアラビアを大きく動揺させ、サウジとイランのパワーゲームを激化させることになったのである。

## シリア内戦を通じて勢力を拡大させるイラン

二〇一四年以降、イラクとシリアの一部を占拠して〝カリフ国家〟を樹立した過激派「イスラム国（ＩＳ）」を掃討するため、米国が中心となる国際有志連合が軍事作戦を実施したが、この米軍の作戦と並行して、イランも両国に軍を派遣して対ＩＳ戦に従事した。

米軍と共同作戦を行なうことはなかったが、イランは革命防衛隊の対外工作組織「コッズ部隊」を派遣して、イラクのシーア派民兵組織を訓練、組織し、武器を提供し、戦術的な指揮をとってＩＳの拡大を食い止め、また彼らの支配地域を取り返すための軍事作戦を行なった。

イラクのシーア派宗教指導者も、スンニ派の過激派であるＩＳからシーア派の聖地を守り、イラクをテロリストから守るために武器をとることを若者たちに呼びかけ、多くのシーア派の若者たちが対ＩＳ作戦に参加した。

そうしたシーア派民兵たちを、イランのコッズ部隊が支援し、ＩＳの支配地を奪還する作戦で大活躍すると同時に、伝統的にスンニ派が居住してきたイラク西部や北部の地域にまで軍事力を展開し、シーア派が勢力を拡大させた。

シリアのアサド政権は国軍のマンパワー不足を補うため、同盟国であるイランに支援を要請し、それに応じたイランはコッズ部隊を派遣すると同時に、レバノンのシーア派武装勢力ヒズボラ、イラクやアフガニスタンなどの民兵部隊を組織してシリアに送り、アサド政府軍を支援した。

アサド政府の正規軍は四万人程度に過ぎなかったが、同政権を支持する強力な民兵組織ＮＤＦ（約一〇万人）がおり、このＮＤＦの訓練や指揮をしたのがレバノンのヒズボラであった。ヒズボラはもともとイラン革命防衛隊の支援を受け、イランと連動して動く「イラン系武装勢力」の一つである。

ほかにイラクのシーア派民兵五千人、アフガン民兵四千人がコッズ部隊の指揮下でシリア内戦に参加しアサド政府軍を助けた。イランの軍人も七千人ほどシリアで展開しているといわれていたので、イラン革命防衛隊は、イラクとシリアにおいて一〇万人以上の武装勢力を展開させ、「イラン系武装勢力」の影響力を拡大させたことになる。

オバマ政権時代の米国は、シーア派勢力がＩＳを打倒するうえで役立っていたため、こうしたイラ

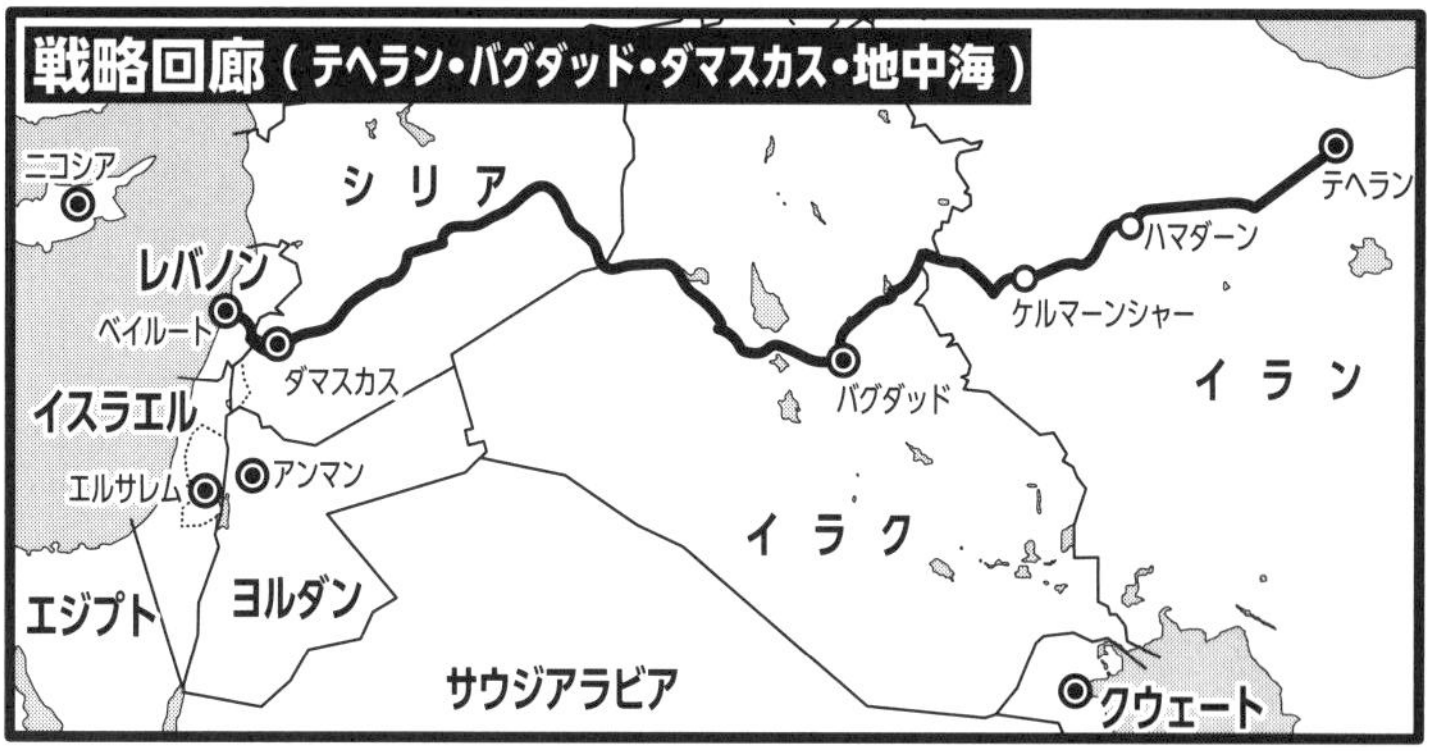


ン系勢力の拡大を問題視しなかったが、ISが弱体化するにともない、イラン系武装民兵たちが危険なほど勢力を拡大させ、新たな脅威と認識されるようになった。

二〇一七年一一月、シリアのアサド政府軍が、同国西部の拠点から東に向けて支配地域を拡大させ、ついには東のイラクとの国境近くにある町アブカマルを制圧したことが大々的に報じられ、同時にイラク軍はシリアとの国境の町カイムをISから奪還した。これによりイランがイラクとシリア両軍の作戦を支援して国境を制圧したと伝えられた。

これは戦略的には極めて重要な出来事であった。イランは、テヘランからバグダッド、イラクを横断してシリアとの国境を抜け、さらにシリアを横断して地中海までつなぐ陸上輸送路を管理下に収めることが可能になったことを意味したからである。シリア・イラク国境を抑えたことで、イランはレバノンまで陸路で兵員や武器の輸送を容易にする、いわゆる「戦略回廊」の構築という長年の目標を達成したことになる。

二〇一七年一二月一六日、イラン軍が実際にこの「戦略回廊」を使って初めて軍事物資輸送車列を送ったことが大々的にメディアで報じられた。当然イランは、この「戦略回廊」沿いにイラン軍やシーア派民兵部隊の軍事拠点を構築し、この「ランドライン」の防衛に努めることになる。

二〇一八年二月一九日付の米紙『ニューヨーク・タイムズ』は、シリア国内に大規模なイラン軍の基地が三か所、小規模な戦術的な基地は七か所あることが確認されており、その他武器庫なども含めて数十か所の小さな軍事拠点の存在が確認されたと報じた。

イランがシリアに恒久的な軍事プレゼンスを設けることは、この地域の戦略バランスに大きな影響を与えることになり、とりわけ、イランと敵対関係にあるイスラエルの安全保障を脅かすことになった。

## トランプ政権が目論むイラン包囲網の構築

こうしたイラン系勢力の拡大は、オバマ政権下で少しずつ進んでいった。米軍の中にはこれを懸念する声が強くあり、その中でも中東を管轄する米軍の中央軍の司令官を務めたマティス将軍などは、イラン警戒派の筆頭であった。

しかし、歴史的な核合意のためにイランとの交渉を優先させてきたオバマ政権は、革命防衛隊の拡大を問題視せず、ロウハニ政権との外交交渉を優先させた。その結果、オバマ政権末期には、米国とサウジアラビアやイスラエルの関係は著しく悪化してしまった。

それゆえ「アンチ・オバマ」を掲げて大統領になったトランプ氏が、サウジアラビアやイスラエルとの関係を強化して対イラン強硬姿勢に出るのは、極めてわかりやすい構図であった。

イラン接近を図ったオバマ政権下で米・サウジ関係が悪化したが、二〇一七年に誕生したトランプ政権は、それまでの対中東政策を転換させ、サウジアラビアとの同盟強化を再び政策の柱に据え、イラン包囲網の構築に進み出したのである。

トランプ大統領が就任後初の外国訪問先にサウジアラビアを選んだのはそうした姿勢を内外に示すためだったといえる。

トランプ政権は、イラン包囲網を進めるため、サウジアラビアを中心とするアラブ連合の結束を強化し、イスラエルとアラブの関係改善を行ない、「アラブ・イスラエル対イラン」の戦略構図をつくってイランを孤立させようと考えたのである。

次章ではトランプ政権の対イラン政策を詳しくみていこう。

# 第3章　トランプ政権の対イラン戦略

## トランプの『国家安全保障戦略』

二〇一七年一月二一日の政権発足からわずか二〇日あまりでマイケル・フリン国家安全保障問題担当大統領補佐官が辞任するという異例の混乱状態でスタートしたトランプ政権だったが、同年一二月にようやく『国家安全保障戦略』を発表し、外交・安全保障分野での大きな方向性を打ち出した。

『国家安全保障戦略』とは、各政権が適切な時期に作成することが法律で義務づけられており、大統領が国民を代表して自らの国家安全保障に関するビジョンをどのように具体化していくかを、米国民、同盟国やパートナー、そして連邦政府機関に説明することを目的とした文書である。

トランプ政権が作成した『国家安全保障戦略』は「『アメリカ・ファースト（米国第一主義）』が米国政府の責務であり、世界において米国が強いリーダーシップを発揮するための土台だ、というトランプ大統領の強い意志を反映したものとなっており、すでに政権発足以来十一か月間、同大統領が内外で示してきた見解や行動に立脚したもの」となっている（「在日米国大使館・領事館」ホームページ）。

トランプ政権がこの重要な戦略文書の中で、イランをどのように位置づけ、イランに対してどのような政策をとることを明示しているかを確認してみよう。

まず、この文書の中で示されているトランプ政権の脅威認識や世界の戦略的な構図を整理したい。『国家安全保障戦略』によれば、トランプ政権が最も懸念しているのは、第二次世界大戦後から今日に至るまで、米国が中心になって築いてきた国際秩序が、新たな勢力による挑戦を受けて綻《ほころ》びをみせている、という点である。

米国の政治、経済や軍の指導者たちは、過去半世紀以上にわたり、国際連合（UN）、マーシャル・プラン、北大西洋条約機構（NATO）など、安全保障上の利益を守る目的で設計された国際機関や制度を通じて、自由と法の秩序に基づく戦後の国際秩序を形成してきた。

しかし、最近では「中国やロシアといった国が、軍事力を拡大させて他国への影響力を強め、社会を抑圧し、情報やデータを不正に搾取するなどして経済をますます不自由で不公正なものに歪め、米国の安全保障と繁栄を侵食しようとしている」と米政府は指摘し、この二か国が米国主導の秩序に挑戦していると断じている。

クリミアを武力で併合してしまったロシア、ハッキングなどで選挙への妨害工作を試みたロシア、南シナ海に人工島を建設して領土を拡大させようとしている中国、他国の機密をハッキングなどで不正に入手して競争力の強化に役立ててしまう中国……。これまで米国主導で構築してきた国際的なルールとはまったく異なるやり方で影響力を拡大させているロシアや中国を、米国は「自分たちが築き上げてきた秩序を侵食する脅威だ」と認識しているのである。

また「北朝鮮とイランの独裁者たちは、地域を不安定化させ、米国やその同盟国に脅威を与え、自身の国民を搾取している」と指摘し、さらに「ジハード主義テロリストや国際犯罪組織のような国境を越えて不正な活動を行なう非国家組織も、米国にとって危険な存在だ」と同文書は述べている。

トランプ政権は『国家安全保障戦略』の中で、米国主導の秩序に挑戦しているこれらの敵対勢力を三つに分類した。

中国とロシアは「現状変更勢力」と位置づけられ、「地域的もしくは世界的にその影響力を拡大させ、危機時には米軍によるアクセスを制限し、平時においても重要な商業地域で米国が自由に行動する能力を妨げることのできる軍事的能力を持っている国々」のことを指している。要するに「現状変更勢力」は米国の地政学的優位を脅かし、国際秩序を彼らに有利なように変更しようと考えている国々と言い換えてもいいだろう。

一方、イランと北朝鮮は「ならず者国家」と呼ばれて「現状変更勢力」とは区別されている。米政府によれば、「イランの現体制は、世界中でテロのスポンサーとなっており、能力の高い弾道ミサイル開発を進め、核兵器開発再開の潜在力を高めている。将来、米国やその同盟国を脅かす可能性がある」国だという。

また北朝鮮は「冷酷な独裁者に統治され、四半世紀にわたり核兵器や弾道ミサイルの開発に努めており、今日、こうしたミサイルや兵器が米国やその同盟国を脅かすようになっている」ことを懸念している。

三つ目は「超国家的脅威」と米政府が呼ぶグループであり、主に過激派イスラム国（ＩＳ）やアルカイダのようなジハード主義テロ組織のことを指す。米国とその同盟勢力は、シリアとイラクのＩＳやアルカイダを敗北させたが、「彼らはいまだに戦略的な地域に築いた支部ネットワークを通じてグローバルなリーチを維持している」と分析。「ジハード主義テロリストの脅威は継続」していると『国家安全保障戦略』は記している。

トランプ政権は「現状変更勢力」「ならず者国家」「超国家的脅威」といった勢力が、地域のバランス・オブ・パワーを彼らに優位に転換させようと米国に挑んでいる、として危機意識を強めている。

## 優先課題は「現状変更勢力」への対応

このような脅威に対して、米国の軍事力は引き続き世界で最強を保ち続けているが、米国に挑戦する中国やロシア、それに地域を不安定化させる北朝鮮やイランのような敵対国が、通常軍と核戦力を近代化させ増強させていることにより、「米国の優位性が脅かされている」ことを、米国は懸念している。

このような脅威認識の下でトランプ政権の戦略家たちは「米軍の優位を維持し、軍事力以外の国力の構成要素と組み合わせて、国家安全保障に対する洗練された挑戦から米国民を守る態勢を整備する」と述べ、「力による平和」を追求すると宣言した。

そして、守るべき国益およびその国益を守る手段として次の四つを実行するとしている。

（1）米国民、米本土、そして米国の生き方（価値観）を守る。そのために国境管理を強化し、移民政策を見直し、重要インフラに対する防御を固め、弾道ミサイルから本土を守るためにミサイル防衛をさらに推進する。同時にあらゆるタイプのテロ攻撃への対策を強化する。

（2）米国の繁栄を促進させる。そのために米国経済を米国人労働者と米企業の利益になるように刷新する。

（3）力によって平和を維持する。そのために軍隊の増強により軍事的な卓越性を維持し、敵の行動を抑止し、必要ならば戦争で勝利することのできる強大な軍隊を整備する。

（4）米国の影響力を拡大させる。そのために米国の利益となることを支持し、米国の価値観を反映する世界の構築に貢献する。そうした世界は、米国にとってより安全で、より繁栄をもたらすものになるからである。

この『国家安全保障戦略』で規定されたアウトラインに基づいて米国防総省が策定した『国防戦略』では、米国にとっての長期的な脅威である「現状変更勢力」に対する備えが、当面の優先課題だとされている。

「競争力のある我々の軍事的なアドバンテージが侵食され、長きにわたって世界の秩序を保ってきたルールに基づく国際規範が低下し、ますます無秩序な世界になり、我々が過去経験したなかで最も複雑で脆弱な安全保障環境が生まれつつある」

米国防総省はこのように現在の世界の戦略環境を描写している。そして、「テロリズムではなく、国家間の戦略的な競争が、今日の米国の安全保障にとっての主要な懸念となっている」と述べている。

二〇〇一年九月一一日の同時多発テロ事件以降、アフガン戦争、イラク戦争、そして二〇一四年秋以降はイラク・シリアにおける対ＩＳ戦争と、米軍は過去一九年間にわたり、武装反乱勢力やテロリストといった非国家勢力との戦闘に明け暮れた。

しかしその間に「現状変更勢力」は着々と力を蓄え、米国の戦略的な優位を脅かすまで、各地域での影響力を高めてきた。そこで、今後米軍は、国際秩序そのものを変更する能力と意図を兼ね備えた中国やロシアといった「現状変更勢力」への対応を最優先課題に位置づける、と宣言したのである。

このように軍部が、ロシアや中国といった米国の戦略的地位を脅かす可能性のある大国を最も深刻な脅威と位置づけている点は重要である。これはのちに「ならず者国家イラン」との軍事的緊張が高まるなかで、〝いまイランと本格的に関わりたくない〟という消極的な姿勢をとる伏線になるからである。

一方、二〇一八年二月には米国のインテリジェンス・コミュニティが『世界の脅威評価』を公表。ここでは米政府のインテリジェンス機関が脅威の状況に関する具体的な分析を行なっている。

この『世界の脅威評価』では、米国に挑戦する勢力の中でも、「ならず者国家」と分類されているイランの脅威に関する記述が突出して多いのが特徴的である。短期的な脅威としては、やはりイランの存在が最も大きいという認識が、その背景にあるのだと思われる。

実際、イラク戦争後の中東、とりわけイラクやシリアでは、まさに米国に対する敵対勢力による現状変更の試みが急ピッチで進められており、「現状変更勢力」ロシアや「ならず者国家」イラン、さらにシーア派民兵組織のような「超国家的脅威」といった勢力によって、地域のバランス・オブ・パワーが彼らに優位に転換されつつあった。

中・長期的にはロシアや中国といった世界の現状変更を進める大国への警戒を強める一方で、短期的には中東という一地域における現状変更を着々と進めるイランに対する脅威認識が、米政府のとりわけインテリジェンス機関の間で高まっていた。

そしてそんななか、トランプ政権は二〇一七年秋以降、イランに対して強硬な政策を次々と打ち出していく。

## 強硬姿勢一辺倒の対イラン戦略

トランプ政権が『国家安全保障戦略』を公表する二か月ほど前の二〇一七年一〇月一三日、トランプ大統領は対イラン戦略を発表している。

「歴史は、我々が脅威を無視する期間が長くなれば、それにつれて危険性がより高まることを示している。このため私は大統領に就任するとすぐに、イランの〝ならず者政権〟に対する政策の根本的な戦略見直しを命じた。それが今、完了した」

こう切り出したトランプ大統領は、一九七九年以来イランが米国に対して数々の敵対的な行動をと

トランプ大統領は当初からイラン核合意を「酷い取引」と呼び、合意からの離脱を公言していた。（shutterstock）

り続けてきたことを長々と説明し、イランが極めて危険な性格の体制であると述べた。それにもかかわらず、

「前政権（オバマ政権）は、イランとの二〇一五年の核合意を通じて、イランの政権が全面的に崩壊する直前に、彼らに科していた経済制裁を解除してしまった。この取引は、包括的共同行動計画（JCPOA）として知られている」

と、非難の矛先をオバマ政権と彼らがイランと結んだ核合意に向けた。

「これまで私が何度も述べてきた通り、この核合意は、米国がかつて締結した合意の中で最も酷く、最も一方的な取引の一つである。（中略）核合意は、イランの独裁政権に政治的・経済的な命綱を与えるものであり、制裁が生み出した強烈な国内の圧力から体制が必要としていた緊急的な救済策を提供するものだった」

トランプ大統領はこのように述べて、核合意は、イランが核開発を完全にやめる前にさまざまな経済的な優遇措置を与えるようにデザインされている、として「酷い取引」だと断じた。

また核合意が、イランに対して一定の核開発の権利を認めていることや、ウラン濃縮の制限なども一定の期間に限定されていることなどの欠陥を次々に指摘した。

「この核合意はもともと中東地域や国際的な平和と安定に寄与することが期待されていたはずだが、米国が合意を履行する一方で、イランの体制は中東全域において紛争に火をつけ、テロや騒擾《そうじょう》に拍車をかけている。何よりも重要な点は、イランがこの合意の精神を尊重していないことだ」

と述べて、核合意があるにもかかわらず、イランがイラクやシリア、イエメン内戦への関与を強め、中東地域への影響力を拡大させてきたことは「合意の精神に反する」と断じたのである。

こうした主張や核合意に対する批判は、トランプ大統領独自のものではなく、イランに批判的な新保守主義派（ネオコン）の論客などがこれまでも繰り返し論じてきたものである。こうしたトランプ政権や核合意反対派が指摘するように、この合意に多くの欠陥があったのは確かである。しかし、あの合意に至るまでの段階で、米国やイスラエルによる先制攻撃やイランによる報復の連鎖による戦争の危機が高まっていたという状況を思い返してみれば、「欠陥はあったものの戦争を防ぐためのギリギリの合意」だったと見なすこともできるだろう。

また、イランによる近隣諸国への介入や影響力拡大を〝核合意違反〟の文脈で論じるのはそもそも無理があり、極めて乱暴な議論である。イラクへのイランの影響力が拡大したのは、ほかでもない米国がイラク戦争を通じてサダム・フセイン政権を崩壊させ、イラクのシーア派が権力を持つことを可能にしたからであった。

## トランプの「最後通告」

イラク戦争後の国内混乱と内戦が続くなかで、各派閥がそれぞれ独自の民兵組織をつくって身を守り、イスラム教シーア派の政治勢力もそれぞれ民兵組織を強化させた。イラク国内で、イスラム教スンニ派の過激派の中から「イスラム国（ＩＳ）」が生まれると、今度はＩＳを掃討するためにシーア派民兵組織はますます人員と武装レベルを強化していき、その過程でイランがシーア派組織への支援を強化していった。

第２章で触れたように、対ＩＳ作戦の拡大にともない、シーア派民兵組織とその支援者としてのイランの影響力が拡大していったのである。これは核合意とはまったく別の話である。しかも米国は対ＩＳ作戦に夢中になっている間は、ＩＳと戦うシーア派やイランの影響力の拡大には目をつぶり、実際には間接的に彼らと協力しながらＩＳ掃討作戦を進めていったのだった。

シリアにおいても、二〇一一年のいわゆる「アラブの春」以降、シリアのアサド政権に対する反政府運動が起こり、それが内戦に発展していくなかで、イランは同盟関係にあるアサド政権の要請によりシリアに軍を派遣して同政権を支援した。イランとシリアは一九九八年に軍事同盟条約を締結し、イランにはシリアの安全を脅かす脅威に対処することが条約で義務づけられている。

また、シリアの反政府武装勢力の中にISのような過激なスンニ派テロ組織が加わるなか、シリアにあるイスラム教シーア派の聖地を守るという名目で、数多くのシーア派の民兵たちがシリア内戦に介入するようになっていった。

もちろん、イランはその過程でシーア派民兵たちを組織化・統率してシリアへの影響力を強めていき、テヘランから地中海に至る「陸の戦略回廊」を構築するところまで勢力を拡大させていった経緯は第2章で述べた通りだ。

このように、二〇〇三年のイラク戦争や二〇一一年のアラブの春、そして二〇一四年のISの台頭といった大きなイベントが次々と起きるなかで、イランは隣国に散在していたイスラム教シーア派のネットワークを維持・強化させることで、この戦略環境の変化に対応し、その過程で影響力を拡大させていったのである。

つまり、イランの中東地域での勢力拡大は核合意とはまったく関係なく起きていたのだが、トランプ政権は〝イランの影響力拡大〟という結果だけを見て、それを核合意やオバマの政策の失敗によるものだ、と決めつけたに等しい。

そして、そのうえでトランプ大統領は「イランのあらゆる破壊的な行動をすべて対象にした新たな戦略を発表する」と述べて、次の四つの方針を明らかにした。

（1）米国は、同盟国と力を合わせてイランが中東地域を不安定にさせるような活動と、この地域でテロの代理勢力を支援していることへの対抗策をとる。

（2）米国は、イランの現体制がテロ勢力に対する支援をできないようにするため追加的な制裁措置をとる。

（3）米国は、イランの現体制がミサイルや武器を拡散させることで近隣諸国や世界の貿易、航行の自由を脅かすことに対処する。

（4）米国は、イランの現体制が核兵器を保有するためのあらゆる道を閉ざす。

トランプ大統領はこのようにイランに対する基本方針を明らかにしたうえで、〝近隣諸国にテロを輸出している〟として、イラン革命防衛隊全体に対する新たな制裁を科すことを明言した。

このようにトランプ政権は、二〇一七年一〇月の時点で、イランの中東地域への勢力拡大を問題視し、イランの拡大を抑え、「巻き返し」を図る戦略に転じることを明らかにしたのだ。政権発足以来、ティラーソン国務長官やマティス国防長官など現実主義派の意見を採り入れてオバマ前政権の政策を踏襲してきたトランプ大統領だったが、ここに来て自身の考えを色濃く反映させた対イラン戦略をまとめ、対イラン強硬策に打って出る準備を整えたのである。

そして二〇一八年一月、トランプ大統領は、満を持して「イラン核合意の問題点に関する修正がなされない限り、核合意を破棄する」と宣言。トランプ氏は、①イラン国内の全関連施設の即時査察、②核開発活動の制限の恒久化、③核開発と弾道ミサイル開発は不可分だとして制裁対象として明記すること、という三つの条件を提示して、「同年五月までにこの条件をクリアする修正がなされない限り、核合意を破棄する」と述べ、ほかの合意当事国（主に欧州諸国）に事実上の「最後通告」を突きつけたのである。

もちろん、このような条件をイランが受け入れるはずはなく、英国、フランス、ドイツの三か国も、五月までにこれらの条件をクリアすることは不可能だった。米国の核合意からの離脱は、文字通り〝時間の問題〟となったのである。

## トランプを支える反イラン最強硬派

イランに対する強硬策に転じるにあたり、トランプ大統領は、この超強硬な対イラン戦略を推進するために外交・安全保障チームを刷新した。まず、これまでオバマ前政権の対イラン政策の事実上の踏襲を進言し続けてきたティラーソン国務長官の解任に踏み切った。

二〇一八年三月一三日、トランプ大統領は自身のツイッターでティラーソン国務長官の事実上の更迭を発表。同日ホワイトハウスで行なった記者会見で大統領は、イラン核合意をめぐる意見の食い違いがティラーソン解任の原因の一つだったとして次のように述べた。

「イラン核合意を見てみると、私はこれが酷い取引だと考えているが、彼は問題ないと思っていたようだった。私たちは決して同じような考えを持つことができなかったのだ……」（三月一三日付『CNBC』）

トランプ大統領がティラーソンの後任に選んだのは、それまで米中央情報局（CIA）の長官職を任せていたマイク・ポンペオだった。ポンペオは、ウエストポイントの陸軍士官学校を卒業し、一九八六年から九一年まで米陸軍機甲部隊に所属。その後、法律事務所などで勤務した後、二〇一〇年にカンザス州で共和党のティーパーティー運動から下院議員に立候補して当選。下院議員時代は、下院情報常設委員会やCIAに関する下院情報小委員会のメンバーを務めた〝インテリジェンス通〟である。

ポンペオは、下院議員時代からイラン核合意には反対の立場を明確にしており、イランに対する脅威認識はトランプとほぼ同じと考えられる。トランプ大統領自身、「わたしたちは本当に波長が同じなんだ。二人の関係はいつでも良好で、これこそ私が国務長官に求めるものだ」と述べた（三月一三日付『CNN』）。

元軍人でインテリジェンスの世界に通じており、筋金入りの対イラン強硬派のポンペオは、トランプ大統領が発表したばかりのイラン戦略を進めるうえで最適の国務長官だったのである。

そしてもう一人、トランプ大統領は、『国家安全保障戦略』と対イラン戦略を進めるうえでうってつけの人物を国家安全保障問題担当大統領補佐官に任命した。FOXニュースなどで安全保障問題の解説を行ない、その超タカ派的な言論で知られていたジョン・ボルトンであった。

ボルトンは、ジョージ・W・ブッシュ政権時代の二〇〇一年から〇五年まで軍備管理と国際安全保障担当の国務次官として、主に大量破壊兵器の拡散問題を担当し、〇五年八月から翌年一二月までは国連大使を務めた。

民間では、ワシントンにあるネオコン系シンクタンク「アメリカン・エンタープライズ研究所（AEI）」のシニア・フェローや「新アメリカの世紀プロジェクト（PNAC）」の役員、それにタカ派のユダヤ系安全保障シンクタンク「国家安全保障問題ユダヤ研究所（JINSA）」の顧問を務めるなど、ボルトンはワシントン政策コミュニティ、とくにネオコン系シンクタンクに幅広い人脈とネットワークを有している。

イランに対する強硬姿勢においてボルトンは、トランプ大統領やポンペオ国務長官をはるかに上回っていると考えられる。ボルトンの過去の強硬発言をあげると枚挙にいとまがないが、イラン核問題に関する姿勢が顕著な次の発言を紹介しておこう。

イラン核合意の締結に向けてオバマ政権高官や欧州諸国やイランの外交官たちが最後の詰めの交渉を行なっていた二〇一五年三月、ボルトンは米紙『ニューヨーク・タイムズ』に『イランの爆弾を止めるために、イランに爆弾を落とせ』という刺激的なタイトルのオピニオン記事を寄稿した。

この中で外交交渉や経済制裁でイランの核開発を止めることは不可能であり、結局のところ、イランの核施設を軍事的に破壊し、イランの体制を転換する以外に方法はないと結論づけ、次のように述べた。

「避けることのできない結論は、イランが交渉で核計画を諦めることはないということであり、経済制裁でこれほど広範かつ深く根を張った兵器インフラの建設を止めることはできないということである。不都合な真実とは、イスラエルが一九八一年にイラクでサダム・フセインのオシラク原発を破壊したり、二〇〇七年に北朝鮮が支援したシリアの原子炉を破壊したような軍事行動以外に、必要とされていることを達成することはできないということである。残された時間はわずかであるが、軍事攻撃はまだ成功する可能性がある」

さらにボルトンは、イスラエルと米国による共同の軍事作戦を提案し、「そのような行動はテヘランにおける体制転換を狙ったイラン反体制派に対する米国の強力な支援をともなうべきである」と述べ、軍事的にイランの核施設を大々的に破壊するだけでなく、同時にイラン国内の反体制派を支援して現体制を崩壊させることまで提案したのである。

またボルトンは、長年イランの現体制と敵対関係にあるイラン亡命者ロビー組織「国民抵抗評議会（NCRI）」やその軍事部門である「ムジャヒディン・ハルク（MKO）」の年次総会にたびたび出席してスピーチするなど、イランの反体制派勢力とも深い関係を維持してきた人物である。

このような反イラン最強硬派ともいえるボルトンを国家安全保障問題担当大統領補佐官に加え、トランプ政権はいよいよ核合意から一方的に離脱し、イランとの本格的な対立へと突き進んでいくのである。

## トランプ大統領の核合意破棄宣言

二〇一八年五月八日、トランプ大統領は予告通り、イラン核合意からの離脱を宣言した。大統領の演説は「イランは主要なテロ支援国家である」から始まり、「核合意は一方的にイランに有利な取引であり、欠陥ばかりで酷い合意だ」といういつもの主張の繰り返しだった。政権内で対イラン強硬派の影響力が強まるなかで、マティス米国防長官だけは「イランは核合意を遵守しており、それが中東の安全保障に寄与している」として核合意からの離脱に反対する助言をギリギリまで続けたようだが、トランプ大統領の考えを変えることはできなかった。

実際、イラン核合意に関するトランプの認識は、その発言内容を見る限り、大統領選挙キャンペーン時から今日に至るまでほとんど変わっていない。大統領職に就いてからトランプは、情報機関のプロの分析や政府の各機関のさまざまなブリーフィングを受け、新たな情報や説明が提供されたはずだが、聞く耳を持たなかったのか、学ぶ気がないのか、その認識にまったく変化は見られなかった。

今回の演説で新しい点があるとすれば、「核の平和利用だけを望むというイランの主張が嘘であることがわかった」と述べた部分であろう。

「イラン核合意の核心部分は巨大なフィクションだ。それは殺人的な体制が平和的な原子力エネルギーを望むというものだ」「今日我々はこのイランの約束が嘘であったという決定的な証拠を持っている。先週、イスラエルが秘密の書類を公開した。それはイランが長い間隠していたもので、イランの体制が核兵器を求めていたことを示すものだ」とトランプ大統領は述べた。

この「イスラエルの情報」とは、四月三〇日にイスラエルのネタニヤフ首相がテレビ演説を通じて世界に発表したものだ。同首相は「イランが核合意成立以降も核兵器開発を続けている決定的な証拠がある」として、〝イスラエルの情報機関がイランの倉庫から奪取した〟とされる膨大な書類や電子媒体の中身を紹介した。イランの過去の核兵器計画に関する極秘資料との触れ込みで、核兵器の設計や爆縮工程の研究などが含まれているという。

米紙『ウォールストリート・ジャーナル』は「ネタニヤフは秘密のファイルがイランの核計画に関

する嘘を証明したと発言」と大々的に報じ、米紙『ニューヨーク・タイムズ』も「イスラエルは極秘書類がイランの核計画に関する嘘を証明したと主張」と同様の見出しでこのニュースを報じた。

要はイスラエルがそのように主張している、というだけの記事なのだが、「イランが核開発で何かを隠していた」という〝印象〟を読者に与えるには十分であった。

イランの核問題を追っていた多くの専門家にとっては既知の情報ばかりで、そうした核兵器開発計画は過去存在したが、二〇〇三年に終了しており、それ以降イランで核兵器開発は行なわれていないというのが国際原子力機関（ＩＡＥＡ）や米情報機関の評価である。

ネタニヤフ首相は「決定的な証拠だ」と主張しているが、既知の情報を焼き直してイランが嘘をついているかのような〝印象操作〟をしたという方が正確であろう。

イスラエルが公表した情報は、専門家は騙《だま》せなくても、事情がわからず、自分の主張の正当性を証明したいと思っているトランプ大統領には望ましい情報だったのであろう。〝事実であろうとなかろうと、その瞬間のトランプ大統領の決定に影響を与えられれば十分〟と考えたイスラエルの〝印象操作〟作戦だったと思われる。

いずれにしてもトランプ大統領は、米国が核合意から離脱し、イラン制裁を再開し、イランに対して「最高レベルの経済制裁を科す」と宣言した。そして「イランの核兵器獲得を支援する国も米国の強力な制裁を受ける」と述べて、イランとの取引を望む国々にも制裁をかけるぞ、と警告を発した。

こうして米国はイランに対して前例のない経済制裁を科し、事実上の経済戦争を開始することを発表したのである。

## イランを徹底的に締め上げる

イラン核合意からの離脱を宣言したトランプ政権は、直ちにイランをグローバル経済から切り離すための制裁措置を再開させた。

トランプ政権は「イランの中央銀行が革命防衛隊へドルを流す支援をしている」として中央銀行への制裁を発表。五月一〇日に米財務省とUAE政府は〝イランの企業、個人や政府関係者がUAE国内に違法の両替ネットワークを有している〟として制裁を発動。具体的には、イラン革命防衛隊の対外特殊機関であるコッズ部隊のフロント企業として機能しているとして、イランのある会社を摘発。この会社がイラン中央銀行の口座を通じて石油収入の中から送金を受け、それをUAEにある二つの両替会社を通じて米ドル札に両替し、そのキャッシュがコッズ部隊に流れていたと発表した。

そして三つのイラン系企業と六人のイラン人が、このフロント企業やコッズ部隊のために働いているとして米財務省とUAE政府のブラックリストに登載され、制裁対象となった。米政府によれば、イランの代理勢力であるレバノンのヒズボラ、イエメンのフーシー派は、こうしたネットワークを通じてイランから米ドルの提供を受けていたという。この制裁により、こうしたイランの支援する武装勢力に打撃を与えることができる、と米政府は制裁の効果に自信をみせた（五月一一日付『ウォールストリート・ジャーナル』）。

トランプ大統領がイラン核合意からの離脱発表後すぐにこの制裁措置を発表したことは、米国がイランに対する経済制裁を本格的に強化し、二〇一五年の核合意以前の状態に戻すという強い意志を内外に示したものだと考えられた。

米財務省のマンデルカー財務次官は「イランの中央銀行がコッズ部隊に協力していたことを明白にしたことは強力なメッセージだ」と述べ、イラン核合意後にイランとの取引を積極的に進めた欧州諸国や日本の企業に対して警鐘を鳴らした。

この措置は、トランプ政権の〝本気度〟を示し、彼がどれだけ攻撃的にイランに対する制裁を履行しようとしているのかを見せつける一種の脅しのデモンストレーションだったともいえる。

さらに五月一三日にはジョン・ボルトン大統領補佐官が「欧州企業は米国の制裁に直面する可能性がある。（中略）なぜ企業や企業の株主たちは世界のテロリズムの中央銀行のような国とビジネスをしたがるのだ？」と米ABC放送のインタビューで明言した。

これは欧州諸国が「米国の核合意離脱宣言後も、イランとの核合意を遵守する」と宣言したことを受けた発言だと思われた。このボルトン発言直前の一一日にフランスの外相は「イラン市場に大きな投資をしている石油会社のトタル社や自動車メーカーのプジョー社を米国の制裁対象から免除させるために米政府と交渉する」と述べていたからである（五月一三日付『ウォールストリート・ジャーナル』）。

トランプ政権は、こうして核合意からの一方的な離脱と同時にイランに「最強の圧力」をかけるべく経済制裁を科し、徹底的にイランを締め上げる姿勢を鮮明にした。またそれと同時に「イランがトランプ政権の要求に応じるのであれば核合意に代わる新たな合意を結ぶ用意がある」として、その前提条件となる米国側の要求を明らかにした。

五月二一日、ポンペオ国務長官は『核合意のあとに―新たなイラン戦略』と題したスピーチをワシントンの保守系シンクタンクのヘリテージ財団で行ない、イランに対する一二項目の要求をぶち上げた。

「トランプ大統領が核合意から離脱したのは単純な理由からだ。それはこの合意が、イラン・イスラム共和国の指導者たちによってつくられるリスクから米国民を守ることを保証することに失敗したからだ」

ポンペオ国務長官は、対イラン強硬派の聴衆を前にしてこのように述べ、「もうたくさんだ。もうこれ以上イランの腐敗した政権のために富をつくることはしない。もうこれ以上リヤドやゴラン高原にミサイルが落ちるのを許すわけにはいかない。もうこれ以上イランの影響力が何の障害もなく拡大することを許してはならない」と述べ、イラン核合意の数々の欠陥のために、イランが何の制約もなく影響力を拡大させてしまった状況に終止符を打つと宣言した。

そして、トランプ大統領が先に示したイラン戦略の目標を説明した後に、その目標を達成するために、次の対策をとることを明らかにした。

①イランの現体制に対して前例のない経済的圧力を与える。すでに二〇一五年の核合意以前の制裁をすべて復活させることになるが、それに加えて新たな制裁も科すことでイランの現体制を歴史上最も厳しい経済制裁で締め上げる。こうすれば中東各地に拡大させた代理勢力を支援するのが難しくなる。わずかの収入を自国の経済のために使うか、外国での紛争介入のために費やすのか、そのいずれも持続できなくなるか、という状況にイランを追い込むのが、この経済制裁の目的である。

②国防総省やほかの同盟国と協力して、イランの攻撃的な行動を抑止する。我々はイラン近海の自由な航行を保証し、サイバー空間におけるイランによる悪意のある攻撃を防ぎ、もしくは対抗措置をとる。我々は世界中のイランの工作活動やヒズボラの代理勢力の工作活動をあばき、それらを破壊する。イランに二度と中東地域で好き放題やらせない。そして万が一イランが核計画を再開させたら、彼らにとってより大きな問題となる、彼らがかつて経験したことのない問題に直面することを、イラン指導部に警告する。

③我々はまた、休むことなくイランの国民を擁護する。イランの現体制は国民・市民の扱いを改善

させなければならない。政府はすべてのイラン人の人権を保護すべきだ。彼らはイランの貴重な富を外国で無駄にすることをやめるべきである。

ポンペオ国務長官はこのように述べ、①まず経済制裁によりイランの現体制を経済的に追い詰め、②軍事的な圧力、監視行動や特殊作戦を通じてイラン系勢力によるさまざまなテロ・破壊活動に対抗しつつ、挑発的な行動を抑止し、さらに③イラン現体制による抑圧を非難することでイランの民主化を支援する、という三つの政策を推進することを明らかにしたのである。

## 国家主権を無視した「一二か条要求」

さらにポンペオ長官は、トランプ大統領が新たな取引に応じる用意があるとしたうえで、そのための条件としてイランに対して次の一二項目の要求を列挙した。

①過去の核開発の軍事的側面をすべて国際原子力機関（IAEA）に申告し、永続的かつ検証可能な形で廃棄すること。

②ウラン濃縮とプルトニウム再処理を停止し、重水炉も廃棄すること。

③IAEAによるイラン国内あらゆる場所への無制限のアクセスを認めること。

④弾道ミサイル拡散と、核弾頭搭載可能なミサイルの発射および開発をやめること。
⑤イランが拘束中の米国市民・同盟国や友好国の市民を解放すること。
⑥ヒズボラ、ハマスなど中東のテロ組織への支援を終焉すること。
⑦イラクの主権を尊重し、シーア派民兵の武装解除、動員解除、再統合を進めること。
⑧イエメンのフーシー派への軍事支援をやめ、イエメン紛争の政治的解決に努めること。
⑨シリアからイランが指揮するすべての兵力を撤退させること。
⑩アフガニスタンのタリバンやほかのテロリストへの支援をやめ、アルカイダ幹部をかくまうことをやめること。
⑪革命防衛隊「コッズ部隊」による世界のテロリスト、武装勢力への支援をやめること。
⑫近隣諸国（その多くが米国の同盟国）にとって脅威となる振る舞いをやめること。これはイスラエルを破壊するといった脅し、サウジアラビアやＵＡＥへのミサイル発射、国際的な航行を脅かすことや破壊的なサイバー攻撃をやめることを含む。

ポンペオ長官は「これらの一二項目は最も基本な要求事項だ」と述べて、イラン側がこれらの要求を満たせば、制裁解除にも応じ、新たな取引も可能だと述べた。しかし、イランや米・イラン関係の歴史に関してほんのわずかな知識さえ持っていれば、これらがイランの現体制にとって受け入れがたい要求であることがわかるであろう。

外国からの干渉や介入に苦しめられてきたイラン人にとって、そもそも米国から「これをやれば取引に応じてやる」と公けに、しかも尊大に言われたことを受け入れるなどという屈辱的な行動をとることは極めて困難である。

そもそもウラン濃縮にしても弾道ミサイルの開発にしても、それをやるかどうかは国家として決める問題であり、外国からとやかく言われて決める問題ではない。しかもイスラエルは核兵器まで開発・保有しながら、核兵器不拡散条約（NPT）にも加盟していないが、米国は何も言わずに許している。こうした「ダブル・スタンダード（二重基準）」を使い分けながらイランの内政に干渉することを、イランが受け入れることなど不可能に近いと考えられる。

またIAEAの査察官であろうと誰であろうと、外国人に対して「国内のあらゆる場所に無制限のアクセスを認める」ことなど、主権を放棄するに等しい。

トランプ政権はこの制裁の履行を確実に進め、イランへの圧力を強めるため、八月になって新たな組織を発表した。国務省内に「イラン行動グループ」を組織し、ブライアン・フック政策企画局長をイラン担当特別代表に就けた。フック代表はジョージ・W・ブッシュ政権時代に国務次官補を務め、ボルトン国家安全保障問題担当大統領補佐官が当時国連大使を務めていた際に、対イラン制裁に関してボルトンと協働した人物である。

フック代表も、ポンペオ長官、ボルトン補佐官に負けず劣らず対イラン強硬派である。ワシントンのシンクタンクで行なわれた講演で、トランプ政権の対イラン政策に関して次のように述べた。

「オバマ政権時代の核合意締結によってイランは少しはおとなしくなり、国際的な標準に準じるようになるかと期待したが、イエメンのフーシー派を支援してサウジを攻撃し、パレスチナのハマスを支援してイスラエルを攻撃し、アフガニスタン、イラク、パキスタンなどからシーア派の若者をシリアに集めて戦わせるなど、悪行の限りを尽くしている」

「これまでオバマ政権が、核合意を結ぶためにこうしたイランの〝悪い振る舞い（bad behavior）〟に寛容に接し、その後もこの核合意を継続させるために〝さらに悪い振る舞い〟に対しても寛容であり過ぎた」。しかし、トランプ政権はそのアプローチを改め、「イランの振る舞いを変えさせることを目標に据えたのだ」とフック氏は説明した。

つまり、トランプ政権のイラン政策の目標は「体制転換」ではなく、これら〝一二の分野におけるイランの振る舞いを変更させることだ〟と見下すような口調で述べた。

トランプ大統領は口先ではイラン首脳との直接交渉も辞さないと述べているが、あくまでイランがこうした振る舞いを変えた場合という条件付きである。つまりイランがこの一二か条の要求を受け入れるなら、喜んで対話するという意味であり、これは同時に〝イランがひざまずいて全面降伏するなら仲良くしてやる〟という態度である。

言うまでもなく、主権を無視したこのような屈辱的な条件を、誇り高いイラン人が受け入れる可能性は極めて低い。現体制が続く限り、イランがこの条件を受け入れる可能性が著しく低いことを考慮すると、このトランプ政権の掲げる政策は限りなく〝体制転換〟に近いと言わざるを得ない。

## 高まるイランとイスラエルの軍事衝突リスク

このようにトランプ政権がイランに対して〝体制転換〟も辞さない強硬な政策をとり始めたのと軌を一にして、シリアにおけるイランとイスラエルの軍事衝突リスクも高まりを見せ始めた。

二〇一八年二月一〇日、イスラエル軍はシリアから飛来したイランの無人機をイスラエル領内で撃墜し、無人機が飛び立ったシリア領内にあるイランの関連施設を爆撃したことを明らかにした（同日付『共同通信』）。シリア南部のイスラエルとの国境付近では、イラン系シーア派民兵組織などがイスラエルとの緊張を高めており、それまでもイランの武器を輸送していると思われる車列をイスラエルが爆撃する事案は見られたが、イランの革命防衛隊やその傘下にあるシーア派民兵組織の基地を直接攻撃するのは、事態の悪化を印象づけた。

またこの時、シリアのアサド政権軍が反撃し、イスラエル空軍のF‐16戦闘機が撃墜されたことも明らかにされた。F‐16はイスラエル北部に墜落し、パイロット二人は脱出して命に別状はなかったが、イスラエルと「イラン・シリア連合」による軍事衝突でイスラエル軍機が撃墜された初めてのケースとなった。

この事件後の三月二一日、イスラエル政府は「二〇〇七年にシリアで建設中の原子炉だったとされる施設に対して行なわれた爆撃は、イスラエル軍が実施したものだ」と初めて公式に認める声明を発表した（同日付『共同通信』）。

この事件に関しては「北朝鮮の支援でシリアに建設中だった原子炉をイスラエル軍が空爆して破壊した」と知られていたが、イスラエル政府は「自分たちがやった」とは決して公式には認めてこなかった。それを、事件から一〇年以上経ったこの時期に公式に認める発表をしたということは、〝我々はこのような攻撃を躊躇せずにやる用意がある〟ということを示す意味があったのだと思われる。言うまでもなく、この警告の相手は、シリア各地に軍事拠点を築き、影響力を高めるイランであることは間違いない。

そしてイスラエルはその後も警告通りの行動を続けた。四月九日にイスラエル軍は、シリア中部ホムスにある空軍基地にミサイル攻撃を行ない、七人のイラン人軍事顧問を含む一四人が死亡した（『シリア・アラブ通信』）。

翌日、イラン国営放送はイスラエル軍の攻撃でイラン人の軍事顧問が死亡したことを確認すると同時に、最高指導者ハメネイ師の「この犯罪が無反応のまま放置されることは決してないだろう」とのコメントを放送した。

これに対するイランの報復だったのかどうかは不明だが、五月一〇日にシリア南部に展開するイラン革命防衛隊「コッズ部隊」が、イスラエルの占領するゴラン高原に駐留するイスラエル軍に向けて約二〇発のロケット弾を発射したことが伝えられた。イスラエル軍側に死傷者は出なかった模様だが、これに対してイスラエル軍は、F - 15やF - 16など計二八機の戦闘機を出動させてシリアにあるイラン軍の基地に六〇発、地対地ミサイルも一〇発撃ち込む大規模な攻撃を行なった。このイスラエル軍のシリア領内での攻撃により、シリア側で少なくとも二三人が死亡したと伝えられた。

この攻撃後、イスラエル政府は「イラン軍の兵站施設を狙い、武器弾薬庫や情報機関の司令部、監視施設などを破壊した」と発表。イスラエルのネタニヤフ首相は、イランがゴラン高原に攻撃したことを「レッドライン（越えてはならない一線）を越える行動だ」として強く非難し、今後もイランが「イスラエルを攻撃しようとすれば先に行動を起こす」としてイランやシリアを強く牽制した。

一方、イランは先に攻撃したことを否定し、イスラエルによるシリアの主権侵害を非難した。イランはシリア国内の五か所の空港を、シリア国内に展開するイラン軍やシーア派民兵部隊、そしてレバノンのヒズボラへの武器支援のための兵站センターとして活用しているといわれていた。とくにシリア北部のアレッポ空港にはコッズ部隊の司令部が置かれ、ミサイルや無人機などが集積されているとされていた。

トランプ政権がイランに対する「最強の圧力」戦略をとり始めたのに対し、ネタニヤフ政権はそれに合わせてシリアで拡大するイランの影響力を削ぐための軍事作戦を積極的に行なう姿勢をみせた。つまり、米国は経済戦争を仕掛け、イスラエルは軍事的な手段でイランの脅威を低下させる作戦を始めたのである。

ネタニヤフ首相はイスラエルとの国境近くまでイラン系勢力が接近することに神経を尖らせる。(shutterstock)

イスラエルが主張するようにイラン側がゴラン高原に攻撃を仕掛けたのかどうかは不明だが、これまでの軍事衝突でイランはイスラエルに一方的にやられてきた。核合意も米国に破棄されたいま、革命防衛隊をはじめとするイラン強硬派の我慢は限界に近づいていた可能性は否定できない。

イスラエルとイランの軍事対立が強まれば、「イスラエルを助けて軍事介入せよ」との強硬意見が米国内で強まり、トランプ政権がその流れに沿ってイスラエルとともにシリアでイラン系勢力への攻撃を激化させるというシナリオも考えられる。

一方のイランは、どれだけイスラエルから攻撃を受けようとも、シリアからの撤退は避けたい。これだけイスラエルがイランのシリアにおけるプレゼンスを嫌がっているということは、イラン強硬派にとってはイスラエルに対する大きな牽制のカードを持っていることを意味する。そのカードをやすやすと手放すことは考えにくいため、イスラエルに一時的に破壊されても、イランは再びシリア国内の軍事施設を整備し、軍事的なプレゼンスを維持することに努めるだろう。

米国による制裁が強化され、経済的な締め付けがますます強まるなか、イスラエルによる軍事的圧力にもさらされるイランは、対外拡張路線を維持できるかどうか、厳しい状況に追い込まれているのは間違いない。

## ポンペオ国務長官が発表した「トランプ・ドクトリン」

二〇一八年一一月五日、トランプ政権はイラン経済制裁の第二弾を発動させた。八月七日には鉄鋼・自動車部門を対象にした第一弾の制裁を発動していたが、今回は原油・石油製品の取引、中央銀行やその他の金融機関との取引、海運や造船など港湾関係者との取引、そして保険・再保険業務を対象としており、イラン経済の本丸に狙いを定めたものであった。

イランに対する「経済戦争」の本格化に合わせて、ポンペオ国務長官は米外交誌『フォーリン・アフェアーズ』に『トランプ・ドクトリン―対イラン経済制裁への参加がなぜ必要か』というタイトルの論文を寄稿し、トランプ政権の「アウトロー国家」に対する戦略を改めて説明した。

ポンペオ国務長官はこの論文の中で、「アウトロー国家の代表格」である北朝鮮とイランに対するトランプ大統領のアプローチを説明。それによると、まず相手に強烈な圧力をかけ、「必要なら武力行使を通じてでも死活的に重大な国益を守る」ことを大統領自身が明確にする。しかし軍事力の行使は常に最終手段であり、「トランプ大統領は戦争を望んでいるわけではない」。そして、大統領は「米国にとって最も頑迷な敵勢力との対話に前向き」な点が特徴だという。

ポンペオ国務長官によれば、「トランプ大統領の米市民の安全を確保することへのコミットメント、不要な軍事力行使に対する嫌悪感、そして敵との対話に前向きな姿勢が、アウトロー国家と対決していく新たな枠組み」、すなわち「トランプ・ドクトリン」の柱だという。

「最大限の経済制裁による経済的な締め付け」と「軍事的な脅し」により「対話による政策変更」というステップがトランプ流のアプローチであり、これにより北朝鮮を見事に対話に引きずり込んだのだとポンペオ長官はトランプ大統領の戦略を褒めちぎっている。

そして、同じアプローチで今度はイランを追い込むのだとポンペオ長官は宣言する。

「イランについても、トランプ政権はイラン政府の資金源、とくにイラン軍の一部で、最高指導者

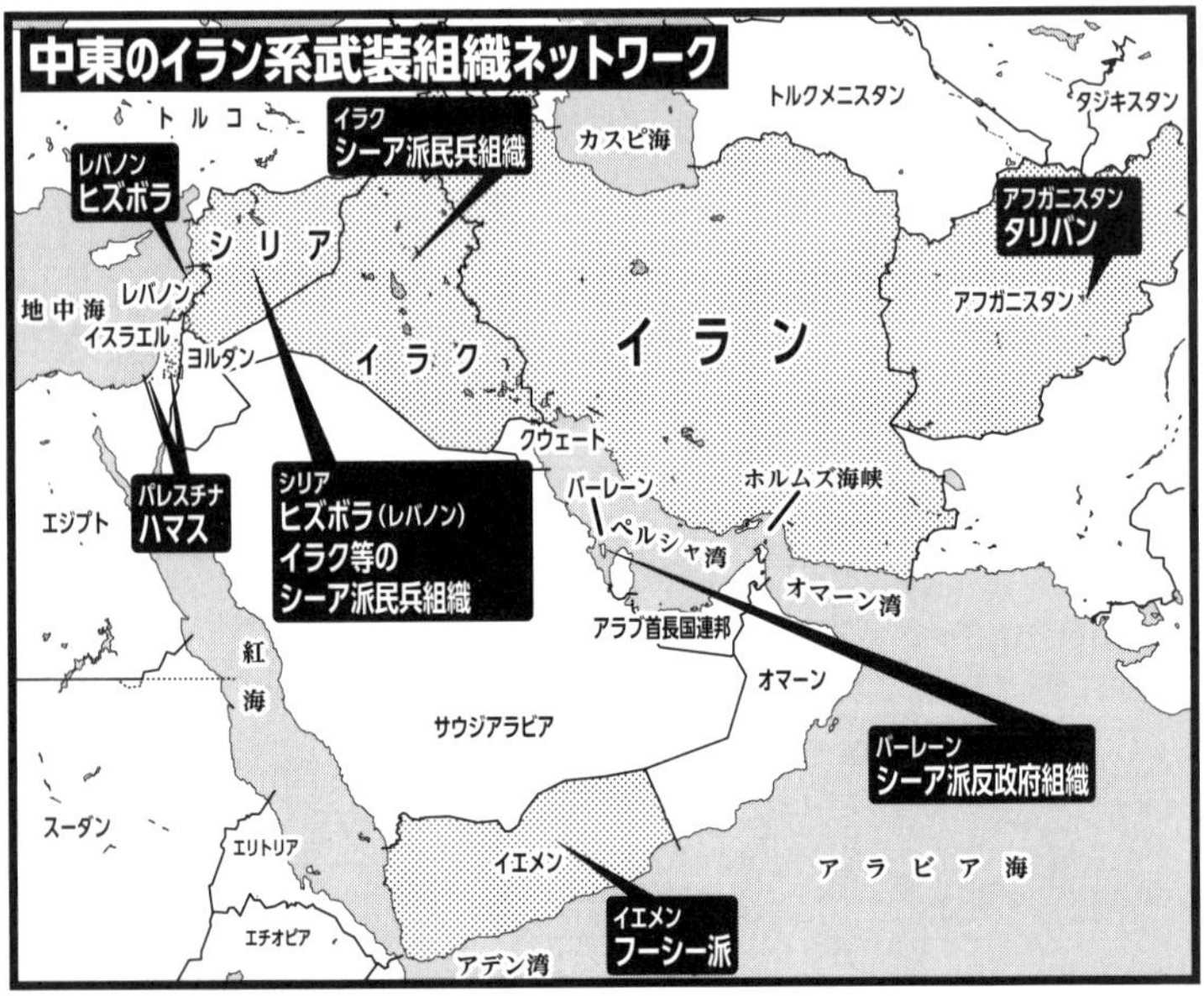


直属の組織、イスラム革命防衛隊（ＩＲＧＣ）の活動資金を締め上げるために最大限の圧力をかけようと試みている。目的は、レバノンのヒズボラ、パレスチナ自治区のハマス、シリアのアサド体制、イエメンのフーシー派、イラクのシーア派民兵組織による暴力、そして世界で暗躍しているイランのエージェントの活動を資金面から閉ざすことにある」と述べている。

さらにポンペオ国務長官はこの論文で、イランの現体制の腐敗に関する情報をどんどん明らかにすることで、民衆の不満を煽り、現体制を揺さぶることも示唆している。「政府指導者たちの強欲ぶりは、民衆と指導者の間に亀裂を生み、政府関係者が若者たちに次世代の革命の担い手になるようにと説得するのは難しくなっている。（中略）宗教指導者たちは、自らのひどい偽善をもはや隠せなくなっている」

経済制裁による圧力に加え、実際には民衆の不満を煽り立てる扇動工作や、イラン国内の反体制武装勢力への支援などの秘密工作も同時進行で進め、イランを内部から突き崩すことをトランプ政権は狙っているのであろう。

イランが経済的に疲弊し国内の反対勢力の抵抗で追い込まれれば、シリアやイエメンに軍事介入している余裕はなくなるとトランプ政権は考えている。この圧力キャンペーンの結果として、イランが国外に広げた部隊を縮小させ、イランの対外的な影響力を弱体化させることが、トランプ政権の狙いである。

トランプ政権の対イラン戦略の前提となるのは、①イランが経済的に弱体化しており、②米国と軍事的に対決する意図は持っておらず、③このように圧力をかけて追い込めば、イランが何十年も続けてきた政策を変更するだろう、という仮説である。

確かに経済的な弱体化は避けられないものと思われるが、イランが米国との軍事的な対決意図を持っておらず、圧力を受ければ自らの政策を変更するに違いないという前提は、イランには通用しない可能性があった。

のちにトランプ大統領はそのことを思い知らされることになるが、その前に次章ではイラン側の思惑と対米戦略を見ていこう。

# 第4章　限界近づくイランの「戦略的忍耐」

## ロウハニ政権は米国抜きの核合意維持を目指した

米国が核合意（JCPOA）から一方的な離脱を宣言し、イランに対して「最強の圧力」をかける政策に転じたことを受けて、イランのロウハニ政権は当初、米国以外の核合意締結国との関係を強化し、米国による経済制裁の影響を最小限に抑えて乗り切ることを考えた。

トランプ大統領が核合意からの離脱を宣言した翌日の二〇一八年五月九日、ロウハニ大統領はイラン国民に向けてテレビ演説を通じて次のように語りかけた。

「いま我々は四〇年前から繰り返されてきたことを再び目撃している。それはイランが国際的な約束を守る国であり、米国が決してそれをしない国だということである」

「国際原子力機関（ＩＡＥＡ）が検証している通り、イランは、我々に課されていた国際的な義務を果たしてきた。今日、どの国が国際的な義務を尊重していないかが明白になった。（中略）ＪＣＰＯＡは多国間の国際的な合意であり、国連安全保障理事会の決議２２３１に裏付けられたものだ。つまり、米国は国際的な義務にまったく注意を払わないということを公式に宣言したのである」

ロウハニ大統領はこのように述べて、トランプ政権のとった行動の不当性を訴えた。

「この瞬間から、ＪＣＰＯＡはイランと五か国の間の合意となった。国連安保理常任理事国五か国にドイツを加えた六か国から米国が抜けた状態で、残された主要国がこの合意を維持するために何ができるのかを我々はひとまず見極めることにしたい」

ロウハニ大統領はこのように欧州諸国などほかの核合意締結国の対応を待つとしたうえで、その後の行動についても触れている。

「もし我々の利益が尊重されないとしたら、すぐにイラン国民にその判断についてお伝えしたい。（中略）もしＪＣＰＯＡにおけるわが国の利益が守られるのであれば、この路線を続けるが、もしこれが紙の上だけの合意となり、イランの利益が保証されないのであれば、我々は新たな道を進むことになるだろう」

ロウハニ大統領は、核合意を履行し続けるかどうかは、合意によってイランが享受できるはずの利益が得られるかどうか次第であることを、すでに二〇一八年五月の時点で明確に国民に伝えていた。

そしてロウハニ政権はすぐに欧州の核合意当事国である英仏独や中国、ロシアの五か国に対して、合意によってイランが得られるはずのメリットが、米国の離脱によってなくなることのないように補償することを要求した。具体的には、米国の経済制裁にもかかわらず、核合意後に欧州をはじめとする世界中の企業がイランと再開させたビジネスを継続できるようにする仕組みを早急に立ち上げることを求めた。

また米国の核合意違反、国連安保理決議違反を国際社会として認めることのないように強く訴えた。要するに〝イランは核合意に従い義務を果たしてきた。悪いのは米国なのだから、米国の暴挙からイランと核合意を守るために努力して欲しい。それが合意当事国としての義務である〟とイランは各国に伝えて回ったのである。

ちょうど核合意離脱直後の五月一四日、トランプ大統領は、イスラエルにある米大使館を商都テルアビブからエルサレムに移転させる宣言を発表し、国際世論を沸騰させていた。パレスチナで猛反発が起きただけでなく、英国やフランスをはじめ世界の多くの国々がこの米国の措置を強く非難した。

イランは、核合意という国際的な約束事を反故《ほご》にし、パレスチナ人民の権利を無視するトランプ政権を激しく非難し、欧州諸国をはじめ世界の国々に対して米国の不当性を訴えた。これに対して、英仏独政府、中国およびロシア政府はいずれもトランプ政権のとった一連の行動を批判し、「米国抜きの核合意」を堅持する姿勢を見せ、イランとの協調路線を続ける意志を表明した。

七月二日、ロウハニ大統領は欧州連合（EU）加盟国との関係を深化させることの重要性を強調して次のように述べた。

「米国が国際的なルールや多国間合意を無視してJCPOAから離脱した今、欧州諸国との対話や交渉は特別な意味を持つようになっている。ロシアや中国と三つの欧州諸国、そしてすべてのEU加盟国が米国抜きでもこの合意に留まることを望んでいるからだ」

ロウハニ大統領はこのように述べて、欧州諸国が核合意を維持するために、米国の経済制裁からイランを救済するための何らかの措置を講じてくれることに期待した。

## 不満を募らせるイランの指導部

二〇一八年六月二六日、トランプ政権は「米国が一一月四日までにイランからの原油輸入を〝ゼロにする〟ことを目指して、欧州やアジアの各国に対して、イラン原油の輸入停止を呼びかけている」ことを明らかにした。また六月二八日付の米紙『ウォールストリート・ジャーナル』は、サウジアラビアが米国の要請を受けて原油を増産する計画を進めていることを大々的に報じた。イラン原油を排除する代わりにサウジ原油を増産することで、米国とサウジアラビアが連携していることが窺われた。米国はイランに対する「最強の圧力」政策を実行に移すべく精力的に動き始めたのである。

米国のイラン制裁策の多くは、トランプが核合意からの離脱を表明した五月八日から九〇日後の八月七日に、自動車や貴金属の取引などに関する制裁が再発動され、一八〇日後の一一月五日に、重要なイランの石油輸出を含む核合意の下で解除されてきたすべての制裁措置が復活することになっていた。

それゆえイランとしては、制裁の一部が復活する八月七日までに、遅くとも一一月四日までに米国の制裁を回避する取引の方法を欧州諸国と確立する必要があった。

こうしたなか、七月六日にオーストリアのウィーンでイランと英仏独中露外相級会合が開催され、米国離脱後の核合意維持とイラン救済案が検討された。イランの要望は、イラン原油の継続的な購入と米金融制裁の回避策の具体化であった。

欧州諸国は政府レベルでは、核合意から一方的に離脱したトランプ政権に批判的であり、イランの要望に可能な限り応えることで、核合意を維持していこうと考えていた。

ちょうど八月下旬にドイツのハイコ・マース外相が、トランプ政権の進める一国主義路線を批判して、「自由裁量の余地を取り戻すために、よりバランスのとれた米国との新しいパートナーシップ」を考えなければならないと述べて、米欧同盟の見直しの必要性に言及した。さらに同外相は「欧州の金融自立を確立するためのドルを離れた決裁システムの整備」や「多国間協調主義を共有する（有志）同盟」の構築を訴えて話題を呼んだ。

制裁を乱発し、国際的な合意を無視し、同盟国を軽視するトランプ政権の姿勢に、欧州諸国から強い不満と反発が噴出し、ドルを離れた決裁システムの整備など「対米自立」を求める声が強まり、米欧同盟の亀裂が深まっていることが明らかになった（二〇一八年一〇月『フォーリン・アフェアーズ』）。

しかし、各国政府の姿勢とは異なり、企業レベルでは、米国による制裁リスクを回避する動きが一気に広がり、八月七日を前にして、イラン・ビジネスから撤退する企業が相次いだ。

イランにある南パルス天然ガス田の開発に携わってきたフランスの大手石油会社トタル社は、すでに五月中旬に同事業からの撤退を検討していることを発表。七月七日にトタル社のプヤンヌ最高経営者（CEO）は「我々に残された選択肢はほとんどない」と発言し、「イランで事業を継続すれば、トタルは米国の資本にアクセスできなくなる。我々には会社を守る責任があるため、イランを離れるしかない」（『ロイター通信』）と苦渋の決断の理由を説明した。

フランス政府は「トタル社など同国の大手企業を米国の制裁対象から免除させるために米政府と交渉する」と述べていたが、同社はフランス政府にその力がないことを見切っていたのか、早々にイランからの撤退を発表した。

また同じく五月にデンマークの海運複合企業APモラー・マースク社も、米国による対イラン制裁の再開に対応するため、イランでの事業を閉鎖する方針を表明した。六月になるとフランスの自動車大手PSAグループも、イランでの合弁事業を停止したと発表。八月にはドイツの電機大手ジーメンス社や自動車大手のダイムラー社が、九月には独自動車大手のフォルクスワーゲン社など欧州の巨大企業が相次いでイランでの事業からの撤退もしくは停止を発表し、イランでの事業を継続する決定をした企業も事業の大幅な縮小を余儀なくされた。

こうして欧州大手企業のイラン・ビジネスからの相次ぐ撤退を受けて、イラン側の苛立ちは強まっていった。

七月五日、IAEAの天野之弥《あまのゆきや》事務局長と会談したロウハニ大統領は「米国以外の核合意締結国は、米国の一方的な行動に対抗し、合意を履行することで損害を受けている国を助ける責任がある。JCPOAの下でイランの権利が保証されないのであれば、わが国がこの合意に留まる理由はない」として不満を表明した。

また七月二日、ロウハニ大統領はイランの外交官たちを前にしたスピーチで、「我々は決して脅迫に屈することはなく、脅しには脅しで対抗する。外交とは国家主権の体現である」と語ったうえで、「政治に関する知識を少しでも持っている者であればイランの原油輸出を止めようなどとは考えないはずだ。我々はホルムズ海峡を含め数多くの海峡を支配しているのだから」と述べて、米国がイラン原油輸出を止めるようなことがあれば、ホルムズ海峡を封鎖する用意があることを示唆した。そし

て、

「トランプよ。我々は尊厳を持った国民だ。歴史を通じてこの地域の海路の安全を提供してきたのは我々だ。ライオンの尻尾で遊ぶのはやめた方がいい、後悔することになるぞ」と脅しともとれる挑戦的なメッセージを発した。

日本では「穏健派」「国際協調派」と表現されることの多いロウハニ大統領だが、その発言からみても、すでにこの頃からイラン指導部の間で、米国による制裁の不利益を一方的に受けている状況に対する不満が増大し、その忍耐も限界に近づいていることが明らかとなった。

## 核合意維持で結束固めるＥＵとイラン

二〇一八年九月の国連総会は、核合意をめぐるイランと米国の舌戦《ぜっせん》の場となった。九月二五日の国連総会でのトランプ大統領の演説は〝イラン叩き〟一色だったといってもいい。

トランプ大統領が外交安全保障政策について語った部分の約半分は中東問題で占められ、そのほとんどが「腐敗したイランの独裁者」に関するものだった。大統領は「イランの指導部が核合意で得た利益を独占して民衆を虐《しいた》げていること」や「イランがテロを輸出してシリア、イラクやイエメンの内政に干渉していること」などを激しく非難した。

トランプ大統領がイランの悪行を非難するために費やした時間は、貿易問題で中国を非難した時間の倍以上にのぼり、トランプ氏がこの国連演説を、イランに対する米国の厳しい姿勢を世界（もしくは米国内の支持者）にアピールするために使ったことは極めて明白であった。

これに対してイランのロウハニ大統領も、米国を名指しで非難することで応酬した。トランプ大統領がイランを「世界の主要なテロ支援国」と述べたことに対し、ロウハニ大統領は米国の対イラン制裁を「経済的なテロリズム」だと述べて激しく反発。さらに国際法や国際的な規範と照らしていかに米国の行為が不当であるかを理路整然と説明した。

トランプ政権が一方的に離脱したイラン核合意（ＪＣＰＯＡ）は、国連安保理決議２２３１で承認された国際合意であり、その履行については国際的な義務がともなう。過去一二回の国際原子力機関（ＩＡＥＡ）の報告書が証明している通り、イランはこの合意に基づく約束を守り続けてきた、とロウハニ大統領は主張した。

「この国連決議２２３１は、すべての国連加盟国や国際機関に対してその履行に協力することを呼びかけているが、米国はこの合意から一方的に離脱するだけでなく、ほかの加盟国に対しても、合意違反をするように脅しをかけている。これは許されることではないのではないか」

「国連は、その決議が、特定の加盟国の国内選挙の犠牲になったり、その国の特定のメンバーたちのプロパガンダ・ゲームに利用されることを許してはならない」

米国の不当な行為から、国際法や国際秩序を守るべきだ、とロウハニ大統領は訴えた。

トランプ大統領とロウハニ大統領が国連で演説をする前日の九月二四日、EUのモゲリーニ外交安全保障問題担当上級代表とイランのザリフ外相が共同声明を発表していた。その中でEUとイランは「核合意（JCPOA）」を引き続き遵守していくことを明確にし、EUとイランの間で新たな決済ルートを確立することで合意したことが発表された。

「これはEU加盟国が新しい法的な機関を設立し、イランとの合法的な金融取引を促進し、欧州の企業がイランとの貿易をEU法に基づいて継続することを可能にするものだ」とモゲリーニ上級代表は説明した。

さらにEUはロシアや中国とともに「特別メカニズム」を確立してイランとの原油取引など合法的なビジネスの継続を可能にさせる具体的な方法を構築することも発表された。イランが求めてきた米国の金融制裁を回避する仕組みづくりに、欧州勢が真剣に取り組んでいることが明らかになった。

「新たな決済ルート」や「特別メカニズム」の具体的な内容はこの時点では明らかにされず、引き続き協議を続けるということだったが、国連総会を前にしたこのタイミングで、イランとEU、ロシア、中国といった米国以外の核合意締結国が、同合意を継続させていくという意志を明確にしたことは、トランプ政権にとっては大きな打撃だったに違いない。

実際この声明を受けてポンペオ米国務長官は「非常に残念でがっかりした」とのコメントを出し

た。「イランとの取引を停止してイランに圧力をかけて欲しい」という米政府の要請を退けて、EUがイランとの取引継続を明確にしたことは、トランプ政権の対イラン政策への明確な〝不支持表明〟を意味しており、極めて重要な意味を持っていた。

EU内には、トランプ政権の主張に一部同調する向きもあったが、二〇一八年一一月の米中間選挙を前にしたこの重要な時期に、EUは〝核合意を維持することでイランと協力する〟という政治的なメッセージをトランプ政権に突きつけた。

## トランプ政権支えるネオコン・ネットワーク

対イラン強硬派のネオコン・グループと一体化するトランプ政権は「レジーム・チェンジ（体制転換）」とまでは明言しないものの、イラン側が現在の「態度を改めない限り」徹底的に圧力をかける方針を明確にしており、イラン反体制派への支援や政府に抵抗するイラン人への支援を惜しまないことも明言。事実上のレジーム・チェンジを目指していると考えられていた。

九月二五日、国連を舞台に米・イランの首脳が論戦を繰り広げているまさにその時、同じニューヨークで「イラン・サミット二〇一八」というイベントが開催されていた。

主催したのは「イラン核武装に反対する連合（ＵＡＮＩ）」という米国の非営利活動グループであ

った。UANIは親イスラエル＝ネオコン派の研究者や元政府高官などで構成される反イラン強硬派の団体であり、イランと取り引きする外国企業などを調査してその取引の実態を暴露し、そうした企業の製品のボイコットを呼びかけるキャンペーンを展開する一種の圧力団体である。

UANIは二〇〇八年から活動を始め、イランと大規模な取引をする数多くの西側企業をターゲットにし、イラン・ビジネスから事実上撤退させるなど、イランとのビジネスをしている企業からは恐れられた存在である。

イランとの対話路線をとったオバマ政権の時代にはUANIの存在は政府から煙たがられ、彼らが政策に影響を及ぼすことはほとんどなかったが、トランプ政権はまさにUANIの提唱してきた政策を実行に移しているため、その活動も活発になっている。

UANIが九月二五日に開催した「イラン・サミット二〇一八」の参加者は豪華な顔ぶれであった。トランプ政権のマイク・ポンペオ国務長官とジョン・ボルトン国家安全保障問題担当大統領補佐官が揃って基調講演を行ない、国務省でイラン担当の特別代表に就任したばかりのブライアン・フック氏も参加した。

トランプ政権の対イラン政策のキーマン三人が揃って出席したことは、UANIの活動方針とトランプ政権の政策がぴたりと一致していることを示唆していた。

この「サミット」でポンペオ国務長官は、英仏独や中露がイランとの核合意を継続させ、米国の制裁から自国企業を守るために新たな決済ルートを創設することで合意したことに触れ、「トランプ政権は彼らが発表した計画に困惑しており、激しく落胆している」と述べ、「これは中東地域と世界の平和と安全にとって最悪の計画の一つだ。イランの現体制への収入を維持することで、彼らは世界ナンバーワンのテロ支援国家イランの地位を固定化させることになるのだ」と激しく非難した。

またUANIの諮問委員会のメンバーも務めたことのあるボルトン補佐官は「我々は、欧州やその他の国々によって、我々の政策を回避させるようなことを断じて許してはならない。米国がイラン制裁の第二弾を発動する一一月四日以降もイランと取引を続ける会社には、悲惨な結果が（terrible consequences）待ち受けているだろう」と述べて、イランとの取引継続を考える企業に強い警告を発した。

中国、ロシアだけでなく、欧州勢まで米国の対イラン制裁に非協力的な姿勢をとったことに対し、トランプ政権高官は苛立ちを強め、敵対的な感情を強めていった。

ちなみにUANIのサミットには、トランプ政権高官のほか、サウジアラビアの外相、バーレーンの駐米大使、アラブ首長国連邦（UAE）の駐米大使、イエメンの副首相といった、イランと敵対する国々の代表者も参加しており、反イランで共同歩調をとる姿勢を鮮明にしていた。

トランプ政権の対イラン強硬策を誰が支持し、誰が協力しているのか、中東における国際関係の戦略的構図がよくわかる出席者の顔ぶれであった。

## 動き出したイラン「革命防衛隊」

二〇一八年八月三日、ペルシャ湾やホルムズ海峡でイラン「革命防衛隊」が大規模な軍事演習を開始したことが国際メディアで大々的に報じられた。

よく知られているように、世界で海上輸送される原油の約四割がホルムズ海峡を通って輸送されている。日本が輸入している原油の八割近くがここを通過しているため、同海峡の安全はわが国のエネルギー安全保障にも死活的に重要である。

その海峡でイラン軍が軍事演習を開始する直前の八月一日に、イラン海軍司令官が「軍と革命防衛隊がホルムズ海峡の安全に責任を負っている」と述べ、この海峡を「石油の蛇口だ」と表現した。また同司令官は「この蛇口が開かれ、オイルマネーがイランを脅迫する者たちの懐に流れ込むのであれば、海峡の安全に間違いなく影響を与える」（『共同通信』）

と述べて、米国がイラン制裁を再開させるのであれば、ホルムズ海峡を封鎖する用意があることを示唆する発言を行なった。

前述した通り、イランとの核合意から離脱したトランプ米政権は、六月下旬にイラン産原油の輸入停止を各国に呼びかけたが、これに対してイラン革命防衛隊の高官は「我々は原油を輸送するいかなる船舶もホルムズ海峡を通過するのを許さない」と発言し、イラン原油の輸入停止措置には同海峡の封鎖で対抗すると脅したのである。

イラン革命防衛隊の高官はこれまでも同様の発言をしていたが、米国がイラン原油の全面禁輸に向けて本格的に動き出したことを受けて、イランの「ホルムズ海峡封鎖」の脅しも次第に現実味を増していく。

八月の大規模な軍事演習においてイラン革命防衛隊と海軍は、数十隻の高速艇や複数の地対艦ミサイルを披露し、米海軍の空母を模した標的を撃沈する訓練を見せるなど、米国を刺激する内容で溢れていた。

この海上演習に合わせて革命防衛隊は短距離弾道ミサイル「ファテフ110」も発射し、一六〇キロ以上飛行したという。米国が偵察衛星でミサイルの発射を確認したと米メディアが報じた。

もちろんこうした軍事演習は今に始まったことではないが、対イラン制裁が再開され、米・イラン関係が緊張しているこのタイミングでのパフォーマンスとしては極めて刺激が強かった。この演習の模様は米メディアで延々と放送され、「米国を挑発するイラン」という印象が米国民の間で強化されたのは間違いなかった。

ロウハニ政権は当初、トランプ政権が一方的に核合意から離脱した後も、核合意を維持するために欧州諸国やロシア、中国などと協議を続け、トランプ政権の挑発には乗らずに抑制的な姿勢を維持していた。イランはこうした「戦略的な忍耐」政策をとることで、国際法を無視してイランに圧力をかけるトランプ政権に対する国際的な非難が強まり、米国の孤立が進むことを狙っていた。

しかし、実際には米国政府の経済制裁の対象になるというリスクは、民間企業が負えるようなものではなく、欧州やアジアの主要な企業は次々にイラン市場から撤退した。結局のところ、誰も米国による「不当な制裁」からイランを守ってくれないことが徐々に明らかになっていくなかで、革命防衛隊のようなイラン国内の反米・保守強硬派の不満を抑えきれなくなっていった。

八月のペルシャ湾、ホルムズ海峡での大々的な軍事演習やミサイル発射実験はそうしたイラン強硬派の不満の表れだと考えられたが、この頃からイラン国外で新たな紛争の兆候ともとれるような動きも見られるようになった。

七月二六日、サウジアラビア政府は「バブエルマンデブ海峡を経由するすべての原油出荷を停止する」と発表し、市場関係者を驚かせた。バブエルマンデブ海峡とは、アラビア海と紅海をつなぎ、イエメンとジブチ、エリトリアの間を抜ける海峡のことである。

その前日に紅海でサウジアラビアの原油タンカー二隻が、イエメンのフーシー派に攻撃されたことを受けた措置だ、とサウジアラビア政府は発表した。

イエメン紛争では、サウジアラビアやＵＡＥの連合軍が支援するハディー政権派と、イランが支援するフーシー派との戦闘が激化し、フーシー派の弾道ミサイルがサウジアラビアの首都リヤドに向けてたびたび発射されるようになっていた。

ちょうど七月二五日には、フーシー派がドローン（無人機）でUAEのアブダビ空港を攻撃したと発表したこともあり、にわかに緊張が高まっていた。UAE側は攻撃の事実を否定し、単なるフーシー派のプロパガンダである可能性も高かったが、少なくともサウジアラビア南部には二〇一八年に入ってからフーシー派によるドローンでの攻撃が増えていたため、「単なるプロパガンダ」と過小評価することは危険だった。

それより少し前の四月一一日にはサウジ南部ジザンの製油所とアブハ空港にフーシー派がドローン攻撃を行なったと発表し、サウジ側も防空システムによりドローンを撃墜したことを確認していた。イエメン紛争が泥沼化するなかで、フーシー派はサウジアラビアの石油施設や空港を狙ったドローン攻撃の頻度を増加させているのは間違いなかった。

フーシー派へのイランの支援がどの程度具体的なものなのか詳細は不明だったが、もしイランがフーシー派への戦術的な支援を強化しているとすれば、〝対イラン制裁に対する報復〟として、イランがフーシー派を通じてサウジアラビアへの攻撃を激化させている可能性は十分に考えられた。

イランとすれば、自分たちだけが制裁によって被害を受けるのは理不尽であり、サウジアラビアの経済にも同様に打撃を与えたいと考えても不思議ではない。つまり、フーシー派の攻撃でサウジの石油産業に打撃を与えることは、イランの少なくとも革命防衛隊の意図に合致していると考えられたのである。

トランプ政権がイランに対する制裁措置を全面的に復活させようと圧力を強めた二〇一八年の夏に、ホルムズ海峡とバブエルマンデブ海峡という二つの海峡で「危機」が高まったのは、その後に起きることを強く示唆していた。

トランプ政権は、二〇一八年五月にイラン核合意からの離脱を宣言して以来、イランに史上最強の圧力を加えるべく精力的に動き出したが、これに対してイランのとりわけ革命防衛隊は「脅し」には「脅し」で、「経済制裁による痛み」に対しては「間接的な攻撃」で報復する方針をこの頃から固めていたようである。

少なくともすでにそうした「抵抗」の兆候は、二〇一八年夏ごろから徐々に現れるようになっていたのである。

## イランの対外戦略と軍事能力

このように二〇一八年夏の時点で、イラン強硬派たちの「忍耐」は限界に近づきつつあったが、ここでイラン・イスラム共和国の外交安全保障の基本戦略やその軍事的な能力について簡単に整理しておきたい。イランが米国の圧力に対して「抵抗」する際に、具体的にどのようなことが可能なのかを確認するためである。

イランは常に米国とその同盟国を脅威と認識し、〝隙あらばイラン・イスラム共和国の体制を崩壊させようとしている〟という懸念を持っていることは、イラン指導者のこれまでの発言から明らかである。

イランの最高指導者ハメネイ師は「米国はイラン反体制派の活動家を支援し、わが国に経済制裁を科し、イランの中東地域の敵対勢力と同盟を組むことでイラン現体制の転覆を狙っている」（二〇一四年二月八日『ロイター通信』）と繰り返し述べてきた。

また、二〇〇一年の9・11テロ後の対テロ戦争を通じて、米国はアフガニスタンとイラクに侵攻してこれらの国々に軍を駐留させているが、それはイランを牽制し、究極的にはイランを軍事的に攻撃して体制転換を行なうためだ、と疑われてきた。

さらにイランの指導者たちは、米国が中東地域のスンニ派アラブ諸国を支援してイランと敵対させるだけでなく、スンニ派の過激派組織を密かに支援してイランにテロを行なわせていると主張してきた。実際、「過激派イスラム国（ＩＳ）はイランと戦わせるために米国、イスラエルやサウジアラビアが作り上げたテロ集団だ」といった主張は、イランのメディアや政府高官等から繰り返し発信されてきた（二〇一四年六月二四日『ロサンゼルス・タイムズ』）。

こうしたイラン指導者たちの脅威認識は、一九五三年の米ＣＩＡによるモサデク政権転覆やイラン・イラク戦争でのサダム・フセイン政権支援など数々の歴史的な経験を通じて形成され固められたものであり、簡単に変化したり、なくなったりするものではない。

イランの指導者たちは、一九七九年のイスラム革命によって、イランは米国の影響から独立することができたと考えているため、イランの対外政策の基本には〝米国に対してイランの国内問題に介入、干渉させないようにする〟、つまり〝米国の内政干渉を跳ねのけて独立を維持する〟という要素が深く埋め込まれている。

イランの体制を脅かそうとする米国やその同盟国による直接的・間接的な「攻撃」から、現体制を守り、イランの独立を維持することが、ハメネイ師を中心とするイラン強硬派の指導部が考える「国益」といえるだろう（米議会調査局報告書『イランの外交・国防政策』二〇一九年七月二三日）。

イランはこうした国益を守るために、各種の軍事能力を整備して、必要に迫られれば直接的・間接的な軍事的行動をとってきた。イランの保有する軍事能力の中でも特筆すべきはミサイルであろう。

イランは中東地域において最大のミサイル保有国であり、一〇種類以上の弾道ミサイルをはじめ各種のミサイル・システムを開発、整備し、イラン国境から二〇〇〇キロ圏内の標的を攻撃する能力を持っている。

大陸間弾道ミサイル（ＩＣＢＭ）は保有していないものの、イランは衛星を打ち上げるロケットの開発を続けており、米情報機関は二〇一九年一月に公表した『世界の脅威評価』で、軍事目的での利

イランは中東で最大のミサイル保有国であり、各種のミサイルを開発し、配備している。（shutterstock）

用が可能なイランの宇宙開発に懸念を示していた。

　イランは短距離弾道ミサイルや巡航ミサイルの開発や取得に努めており、これらのミサイルは、イランが支援する地域の代理勢力や同盟勢力に提供され、彼らの軍事能力の向上につながると同時に、イランの〝戦力投射能力〟の拡大にも貢献している。

　とくに最近では、武装ドローン（UAV）、弾道ミサイル、新型機雷、無人爆破船、潜水艇、新型魚雷、新型対艦巡航ミサイルなど、中東地域に展開している米軍やその同盟勢力を攻撃できる新たな能力の開発を進めており、こうした新型兵器の拡散が懸念されている。

　二〇一五年一〇月と一一月、イランは射程二〇〇〇キロ弱の弾道ミサイルの実験を行ない、翌年三月に核合意締結後初めてのミサイル実験を実施した。同年五月にも各種のミサイル実験が行なわれたことが報じられており、同年七月には北朝鮮のムスダンをモデルにしたとされる中距離弾道ミサイルの実験が行なわれたが、失敗に終わったとされていた。

その後もイランは年に数回は定期的に各種のミサイル発射実験を行ない、核合意後に欧州諸国と経済協力を復活させた後もミサイル能力の開発を継続していた。国連安保理決議2231では、イランに対して「核兵器を搭載可能に設計された弾道ミサイルの開発及び実験」が禁止されていたが、イランは「核兵器の開発は行なっていないし、核弾頭を搭載するように設計していない」として、これらのミサイル実験は国連安保理決議違反には該当しないと主張している。

もちろん米国は、これは安保理決議違反にあたるとして、トランプ大統領の「イランは核合意の精神に反している」という主張につながっている。

イランはミサイル能力に加えて海上でのゲリラ戦闘能力の開発にも努めてきた。イランには通常の海軍（ＩＲＩＮ）のほかに革命防衛隊海軍（ＩＲＧＣＮ）があり、前者がオマーン湾や近海での作戦を担当するのに対し、後者はペルシャ湾やホルムズ海峡を作戦担当区域としている。このためＩＲＧＣＮは中国製の巡視艇を含む大量の小型船を保有している。

ＩＲＧＣＮはホルムズ海峡やペルシャ湾内の敵対勢力に対して多数の小型スピードボートで急襲したり、沿岸の基地や移動式のプラットフォームから対艦ミサイルを発射したり、大量の武装ドローンや無人爆破船で攻撃するなど、さまざまな海上ゲリラ戦を仕掛ける能力を強化しているという。イランはこうした能力を維持・整備し、「必要とあればホルムズ海峡を封鎖する」と主張することで「戦う意志」を示し、イランに対する敵対的な行動を抑止しようと努めてきた。

さらに直接的な攻撃能力に加え、中東地域の友好勢力、同盟勢力への支援を通じた間接的な攻撃能力も拡大させてきた。

イランはシリアのアサド政権、レバノンのヒズボラ、パレスチナのハマスやそのほかの民兵グループ、イエメンのフーシー派、イラクのシーア派民兵組織、そしてバーレーンの反政府武装組織に、さまざまな支援を提供している。

こうした国外の代理勢力、同盟勢力への支援作戦を担当しているのは革命防衛隊の中の「コッズ部隊」だとされている。カーセム・ソレイマニ司令官が率いるコッズ部隊は、国外の友好勢力に対する支援や軍事訓練、作戦支援や国外での反イラン勢力へのテロ・暗殺作戦などを担当する対外特殊作戦部隊であり、その要員は二万人と見積られている（米議会調査局報告書『イランの外交・国防政策』（二〇一九年七月二三日）。

イランは、こうした各種の軍事的な能力を開発、発展させ、相手の攻撃を抑止したり、間接的に相手に報復するなどして、一九八〇年の国交断絶以来、米国という世界最強の軍事力を誇る国から自国を守り続けてきた。

そしてドナルド・トランプという、歴代の米国大統領の中で最も反イラン色の濃い大統領の下で繰り出される「最強の圧力」政策を受けて、イランがどう対応するのか、イランの行動に世界の目が集まったのである。

## 「外国勢力によるテロ」に激怒するイラン

こうしてトランプ政権がイランに対する史上最強の圧力キャンペーンを開始したのと軌を一にして、イラン国内でテロ攻撃が頻発するようになった。

二〇一八年九月二二日、イラン南西部フゼスタン州アフワズで、革命防衛隊の軍事パレードの隊列を四人の武装グループが襲うテロ攻撃が発生した。この攻撃で八人のイラン革命防衛隊の隊員を含む二九人が死亡、六〇人以上が負傷したと伝えられた。

イラン・イラク戦争の開戦日を記念して行なわれた国家的な行事が台無しにされるという屈辱的な攻撃を受けたイラン革命防衛隊は「米国やイスラエル、サウジアラビアやＵＡＥが犯行に関与した」と述べて報復を宣言した。

フゼスタン州にはアラブ系住民が多く、アラブ系住民の分離独立を目指して活動する武装グループもいる。その中の一つの組織が犯行声明を出したが、このテロに便乗したのか、過激派イスラム国

（ＩＳ）も犯行声明を出した。

これに対してザリフ外相は「外国の政権が訓練し、武器を与え、金を払ったテロリストの犯行だ」と述べ、ハメネイ最高指導者も「この卑怯な行為は米国が支援した者によってなされた」「サウジやＵＡＥから金銭を提供されていた」と主張した。

いずれも証拠は提示されず、真相は不明だが、アフワズの分離独立勢力にはかねてからイラクなどの外国勢力が支援をしていたことが知られており、今回もさまざまな外国勢力が支援していた可能性は否定できなかった。

トランプ政権は、一八年六月に米中央情報局（ＣＩＡ）の中に新たに「イラン・ミッション・センター」を立ち上げ、「秘密工作を含めたＣＩＡが持つすべての能力を結集させた活動」を始めると宣言していた。

トランプ政権としては、革命防衛隊がさらに「悪事」を働いてくれれば、欧州諸国を対イラン圧力キャンペーンに協力させ、国際的なイラン包囲網をつくりやすくなる。今回のテロに対してイラン側が報復行動に出て、たとえば革命防衛隊のテロで多数の一般市民に被害が出るような事態になれば、欧州諸国がイランを擁護してイランと協調路線をとることは難しくなると思われた。

このテロ攻撃が、イラン側が主張するように米国をはじめとする外国勢力の支援の下でなされているると仮定した場合、その意図は、アラブ系過激派によるテロ・騒擾を起こすことでイラン国内の不安定化を煽り、イラン治安機関の力を削ぐことに加え、革命防衛隊を挑発し、彼らに報復攻撃をさせることで、「テロ支援国家」イランと欧州諸国を中心とする世界の国々との関係を悪化させることだったと考えられる。

一方、イラン北西部ではクルド系の武装勢力の活動も活発になっており、イラン治安当局は神経を尖らせていた。同年八月一一日、イラン革命防衛隊は、北西部のイラク国境近くのオシュナビエで、武装グループの掃討作戦を実施し、一一人を殺害したと発表。革命防衛隊はこの武装グループが「テロ集団だった」として「外国の情報機関などと関係し、イランに侵入して破壊活動を企んでいた」（『共同通信』）と発表した。

これらの武装勢力はイラン出身のクルド人らで構成され、外国勢力の支援を受け、イラクからイラン西部に越境してテロを引き起こしている、と革命防衛隊は見ていた。外国勢力がイラクでクルド人のテロリストを訓練し、そこからイランに送り込んでいるというのだった。

一連の国内でのテロ攻撃を受けて、イランは九月に入ると、テロリストを支援する隣国の拠点に対して一定の報復攻撃を行なうことを決定したようだった。九月八日には、隣国イラク北部のクルド人自治区にあるクルド人武装勢力の拠点を地対地ミサイル七発で攻撃し、少なくとも一一人を殺害、数十人を負傷させた、と報じられた（『共同通信』）。

また九月八日に、イラク南部バスラの米国領事館近くにロケット弾が撃ち込まれ、その直前にも首都バグダッドの米国大使館のあるエリアにロケット弾や迫撃砲が撃ち込まれていた。

これを受けてトランプ政権は、九月一一日、「わが国は米国政府の人員や施設に損害を与えるいかなる攻撃に対しても、テヘランの政権に対して責任をとらせる。わが国は迅速かつ強い決意を持って米国民の生命を守るために行動する」と警告した。

イラク南部のバスラ県は、イスラム教シーア派教徒が多数派を占める地域で、スンニ派が集中して居住しているイラク西部や北部と比べると治安は安定し、これまでスンニ派過激派であるＩＳによるテロも、単発の限定的な攻撃を除けばほとんど発生していなかった。

米領事館のあるバスラ空港近辺へのロケット弾による攻撃も過去一〇年以上発生していなかったため、負傷者は出なかったものの、この攻撃が与えた心理的なインパクトは大きかった。今回の攻撃を受けて、米政府が直ちに「イランの仕業だ」と断定したのも無理はない。

ちょうどこの攻撃が行なわれる直前の九月七日、バスラでは汚職や失業などに抗議する市民のデモが拡大しており、デモ隊の一部が暴徒化してバスラ市内のイラン領事館に押し入って放火する事件が起きていた。またイランとの結びつきの強い政党の事務所などへの襲撃事件も発生し、バスラ市内は騒然としていた。

この事態を受けてシーア派民兵組織「カタイブ・ヒズボラ」のアブ・マフディ・アル・ムハンディス司令官は、ツイッターで「米国大使館がバスラで起きた事態を指揮している」と述べて米国政府を非難。その直後にロケット弾が米領事館付近に撃ち込まれたのである。

公安調査庁の『国際テロリズム要覧』によれば、カタイブ・ヒズボラは二〇〇七年後半に三つのシーア派組織がイラクに駐留する多国籍軍の排除などを目指して合併・設立された。その設立にはイラン革命防衛隊が深く関わり、レバノンのヒズボラから支援を提供されたという。同組織とイランの関係を考えれば、「イランがカタイブ・ヒズボラを使って攻撃をさせた」と考えるのは妥当であろう。

この九月前半の砲撃に続いて、イランはイラクの米政府施設に攻撃を仕掛ける兆候を見せたと思われる。九月二八日、米国務省は「イラン系勢力から攻撃を受けている」としてイラク南部バスラの米総領事館から要員を退避させると発表した。ポンペオ国務長官は「イラン革命防衛隊やその影響下にある勢力の脅威が増し、米領事館やバグダッドの米大使が脅威にさらされている」と述べ、「もし攻撃すれば即座に対応する」とイランに強い警告を発した。

さらに一〇月一日には、〝九月二二日アフワズで発生したテロへの報復〟として、イラン革命防衛隊がシリア東部のＩＳの拠点に向けて中距離弾道ミサイルを六発撃ち込んで世界を驚かせた。イランは、このテロについて「米国など外国勢力の仕業だ」と主張していたのだから、その報復としてＩＳの拠点を叩くというのは奇妙であった。

しかし、米ＣＮＮが報じたところによれば、「ミサイルが着弾した地点から五キロと離れてないところに米軍が拠点を構えていた」という。

このミサイル攻撃に際して、イランは無人機を投入して目標に関する情報を収集したとされている。米軍の目と鼻の先にイランが目標に正確にミサイルを撃ち込んだとすれば、攻撃の狙いはIS自体ではなく、シリア東部に駐留する米軍に対して、「我々はその気になれば攻撃できるぞ」ということを示す警告・牽制だったと考えるべきだろう。少なくとも米軍はそのように受け取ったはずである。

そしてこの後も、イランと「外国勢力」間のテロと報復攻撃の連鎖は続き、イラン国内のテロは収まらなかった。

一〇月一六日、今度はイラン南東部シスターン・バルチスターン州のパキスタン国境近くで、一四人のイラン治安部隊員が拉致される事件が発生した。この南東部の地域では、イランでは少数派のイスラム教スンニ派の武装勢力が長年活動をしていたが、最近、とくに武装活動を活発化させ、治安部隊との衝突を繰り返していた。

拉致された一四人の中にはイラン革命防衛隊や民兵組織「バスィージ」のメンバーが含まれており、パキスタン領内に連行されたと伝えられた。

一二月六日には同じく同州のチャーバハール市の警察施設近くで、車両に積まれた爆弾が爆発し、警官二人が死亡、一般市民を含む二〇人以上が負傷する自爆テロ事件が発生した(『共同通信』)。

筆者は、二〇一六年にチャーバハール市を視察したことがあるが、当時は現地のスンニ派系武装勢力の活動は下火になっており、現地の治安関係者も「外国からの支援がない限り、活動が活発化することはないだろう」と見ていた。

それが、わずか二年の間にこれほどまで過激派組織の活動が拡大した背景には、外国勢力の存在、とりわけトランプ政権がイランに対する「最強の圧力」キャンペーンを始め、秘密工作を含めたあらゆる活動を活発化させたことが関係していると思わざるを得ない。

しかも、南東部のパキスタンとの国境地域、北西部のイラクとの国境地域のクルド人地域、南西部のアラブ人地域の三か所で同時に武装勢力の活動が活発化するというのも、自然発生的な現象と考えるにはあまりにタイミングがよすぎた。

トランプ政権は「表の政策」としては経済制裁を通じてイランを経済的に締め上げ、「裏の作戦」としてサウジアラビアやイスラエルの情報機関と連携しながら、イラン国内の反体制派への支援を強化し、イランを内部から揺さぶる秘密工作を仕掛けている、と見るのが自然であろう。

いずれにしても、二〇一八年夏以降、イラン国内各地でテロが発生するなか、イラン革命防衛隊はイラクの代理勢力を使って米国政府を威嚇し、シリアに駐留する米軍部隊の近くにミサイルを撃ち込むなど、「抵抗」作戦を一部発動し始めたようだった。

少なくとも、米国に対して報復を仕掛ける強い意志を示したことは間違いない。米・イラン間の緊張は確実に高まっていた。

## 伝統的なイランの「前線防衛」構想

欧州諸国、ロシアや中国は、核合意から一方的に離脱したトランプ政権に対して批判的であり、EUは二〇一八年九月にイランとの間で新たな決済ルートを確立する合意を発表したが、具体的な仕組みができないまま一一月が過ぎ、トランプ政権による対イラン制裁の第二弾が発動された。

今回は原油・石油製品の取引、中央銀行やその他の金融機関との取引、海運や造船など港湾関係者との取引や保険・再保険業務も対象となった。広範囲に及ぶ米国の制裁の威力と、トランプ政権の「脅し」の効果は絶大で、イランから最も多く原油を購入している中国でさえ、米国の圧力に屈し始めていた。

一〇月二六日付の米紙『ウォールストリート・ジャーナル』は、イラン産原油の最大顧客である中国が輸入縮小に動いたとのニュースを伝えた。中国石油精製大手の中国石油天然ガス集団（CNPC）と中国石油化工の親会社である中国石油化工集団公司は、一一月分のイラン産原油輸入の手配を行なわなかったという。

中国はそれまで日量約六〇万バレルの原油をイランから輸入しており、CNPC傘下の昆侖銀行は米国の制裁開始期限である一一月四日までに、イラン顧客に対する取引を停止すると伝達していた。

同銀行は、イラン産原油の輸入に関する支払いを手がけてきた中国の主要銀行であり、イランにとっては大きな打撃であった。

このような圧力を受けるイランは、最終的には米国の要求に屈して政策を変える可能性があるのかどうか、少し歴史をさかのぼって考えてみたい。

米国とイランは、一九八〇年以来断交しており、過去に何度も激しい対立を繰り返してきたが、歴史を振り返れば、イランはどれだけ経済的に苦しい状況に追い込まれても、それで対外政策を変更するようなことはしていない。

米国の有力なシンクタンク「国際危機グループ（ＩＣＧ）」が二〇一八年一一月二日に発表した『米国の対イラン制裁スナップバックの非合理性（The Illogic of the U.S. Sanctions Snapback on Iran）』を参考に具体的にみていこう。

ＩＣＧは、米国とイランが外交関係を断絶して対立した一九八〇年から最近までのイランのＧＤＰ成長率や石油収入とイランの対外政策の関連性を調査し、イランが経済的に追い込まれて困窮した場合に、対外拡張政策を縮小させるようなことがあったかどうかを調べた。

結論から言えば、イランの置かれた経済状況、つまり政権が保有する経済的なリソースと、イランの対外的な振る舞いにはほとんど関連が見られないことがわかった。

たとえば、一九八二年にイランがレバノンでヒズボラをつくった時も、翌年ベイルートで米海兵隊の庁舎を爆破した時も、アテネやパリでテロ攻撃を行なった（とされる）時も、当時のイランの経済は革命後の混乱とイラクとの戦争、さらに原油価格の低迷によって石油収入は大きく減少している時期であった。

また、イラン・イラク戦争後の経済復興期も、一九九七年のアジア通貨危機後の原油価格暴落に端を発する不況の時も、ヒズボラやパレスチナのハマスやパレスチナのイスラミック・ジハードに対する支援政策に大きな変化はなかった。

一方、一九九八年〜二〇〇三年までは原油高でイランにとっての経済成長期にあたるが、この時期にイランが対外的な拡張策をとった形跡は見られず、逆にこの時期は穏健派の政権だったこともあって、アラブ諸国や西側諸国と協調的な関係をとっていた。

二〇一一年〜一五年はイランが国際的な制裁の下で経済成長率も石油収入も大幅に減少した時期だったが、この期間にはシリアへの軍事顧問の派遣、ブルガリアでのイスラエル観光客へのテロ、シリアへのさらなる軍事介入、シリア・アサド政権への経済支援、アフガニスタンやパキスタンのシーア派民兵の組織化とシリアへの派遣、イラクでＩＳと戦うイラク・シーア派民兵への支援、そしてイエメン・フーシー派への武器支援と、経済的な苦境にもかかわらず、対外的な拡張策を次から次にとっていた。

イランは伝統的に「前線防衛（Forward Defense）」という防衛コンセプトを持っているといわ

れ、国外の代理勢力に対する影響力を持ち、代理勢力を通じた戦いを展開することで、自分たちに直接的な脅威が及ばないようにすることを目指す傾向が強い。

この考えからすれば、経済的に余裕があろうがなかろうが、敵対勢力から圧力をかけられ、その脅威が大きくなればなるほど、イランは対外的な関与を強化して「前線防衛」を確固たるものにしようとする。

つまり、国外の友好勢力や代理勢力に対する支援を強化して「戦略的な縦深性（Strategic Depth）」を保つことは、イランにとっては死活的な国家安全保障上の措置なのである。

こうした分析を通じてＩＣＧは「米国による経済制裁がイランの対外政策の変更を促す可能性は低い」と結論づけ、逆に「イラン国内の経済が危機的な状況になれば、イランの指導部、とりわけ強硬派は対外的な対立や危機をむしろ望むようになるのではないか」と予測している。そうなれば国内経済の問題を対外的な危機に転嫁でき、国内の不満を政府ではなく対外的な脅威に向かわせることができるからである。

ロウハニ政権は当初、欧州諸国や中国、ロシアとの関係をつなぎとめて、トランプ大統領が次期大統領選挙で敗北し退場するのを期待して、残りの時間を耐え忍ぶことを考えていたと思われる。しかし、欧州勢や中国、ロシアは、米国による制裁からイランを救済できず、制裁がますます強化されるなかで、忍耐も限界に近づいていった。

また、革命防衛隊を中心とするイラン国内の強硬派は、米国との対立・緊張をむしろ望み、一定の危機的な状況をつくることで、国民の反米感情を煽り、革命防衛隊の存在意義をアピールするチャンスとさえ思ったかもしれない。

二〇一八年九月にイラクで、イランが支援するシーア派民兵組織がバグダッドの米国大使館やバスラの米総領事館に砲撃を加えたのは、そうしたイラン強硬派の意図を受けた行動だった可能性が高い。

イランに「最強の圧力」をかける「トランプ・ドクトリン」が発動されたが、この政策によってイランが大人しくなり、穏健化する可能性は低く、むしろイランの対外的な拡張を促し、米国に対する挑発的な行動をとらせる可能性の方がはるかに高いと考えられた。

しかし、トランプ政権はさらにイランに対する圧力を強め、原油の全面禁輸に踏み切り、イランをギリギリまで追い込んでいく。次章は、二〇一九年に入ってさらに加速するトランプ政権の対イラン圧力キャンペーンを詳しく見ていこう。

# 第5章　イランを締め上げるトランプ

## 米軍「シリア撤退」を表明したトランプ大統領

二〇一八年暮、トランプ大統領が突然シリアからの米軍撤退を表明したことで、米国防総省は大混乱に陥り、マティス国防長官が辞任する騒動に発展するなど、ワシントンは大きく揺れた。

このエピソードは、トランプ大統領の、複雑な中東情勢やこの地域の国際関係に対する理解のなさ、同盟国や友好勢力への配慮の欠如、そして、その場の雰囲気と直感だけで独断で決定する手法が内外に引き起こす問題の深刻さを、余すところなく物語っている。

イランに圧力を加える政策をとっているはずのトランプ大統領が、戦略的にイランを利することになるシリアからの米軍撤退を突如表明し、結局すぐに撤回するはめになるドタバタ劇から、トランプ政権の政策決定の内幕と大統領に振り回される側近たちの人間模様を見ていきたい。

トランプ大統領が、自身のツイッターで「我々はシリアのイスラム国（ＩＳ）を撃退した。これこそがトランプ政権下でシリアに駐留する唯一の理由だった」とつぶやき、シリアからの米軍撤退を表明したのは二〇一八年一二月一九日のことだった。

この突然の撤退表明の直前、シリアではトルコ軍による侵攻作戦がまさに秒読み段階に入っており、シリア北部に駐留していた米軍とトルコ軍が衝突するリスクが高まっていた。

なぜ北大西洋条約機構（ＮＡＴＯ）の同盟国である米国とトルコがぶつかりそうになっていたのか？　複雑なシリア内戦の構図を改めて整理してみよう。

シリアの内戦は、もともと二〇一一年にアサド政権に対して民主化を求める反政府運動が発生したところから、外国勢力が反政府派に武器を与えて支援したことで内戦が激化。そして反政府派武装勢力の一部がイスラム国（ＩＳ）のような過激なテロ組織に加わり、シリアの一部を領域支配したことから、米国を中心とする有志連合が介入してさらに複雑になった。

アサド政権をロシアとイランが支援する一方、主な反体制派をトルコが支援し、米国はクルド人の民兵組織「クルド人民防衛隊（ＹＰＧ）」をパートナーとして対ＩＳ作戦を進めた。

ロシアの航空支援を受けてアサド政権軍とイランの支援するシーア派民兵部隊が反体制派やＩＳか

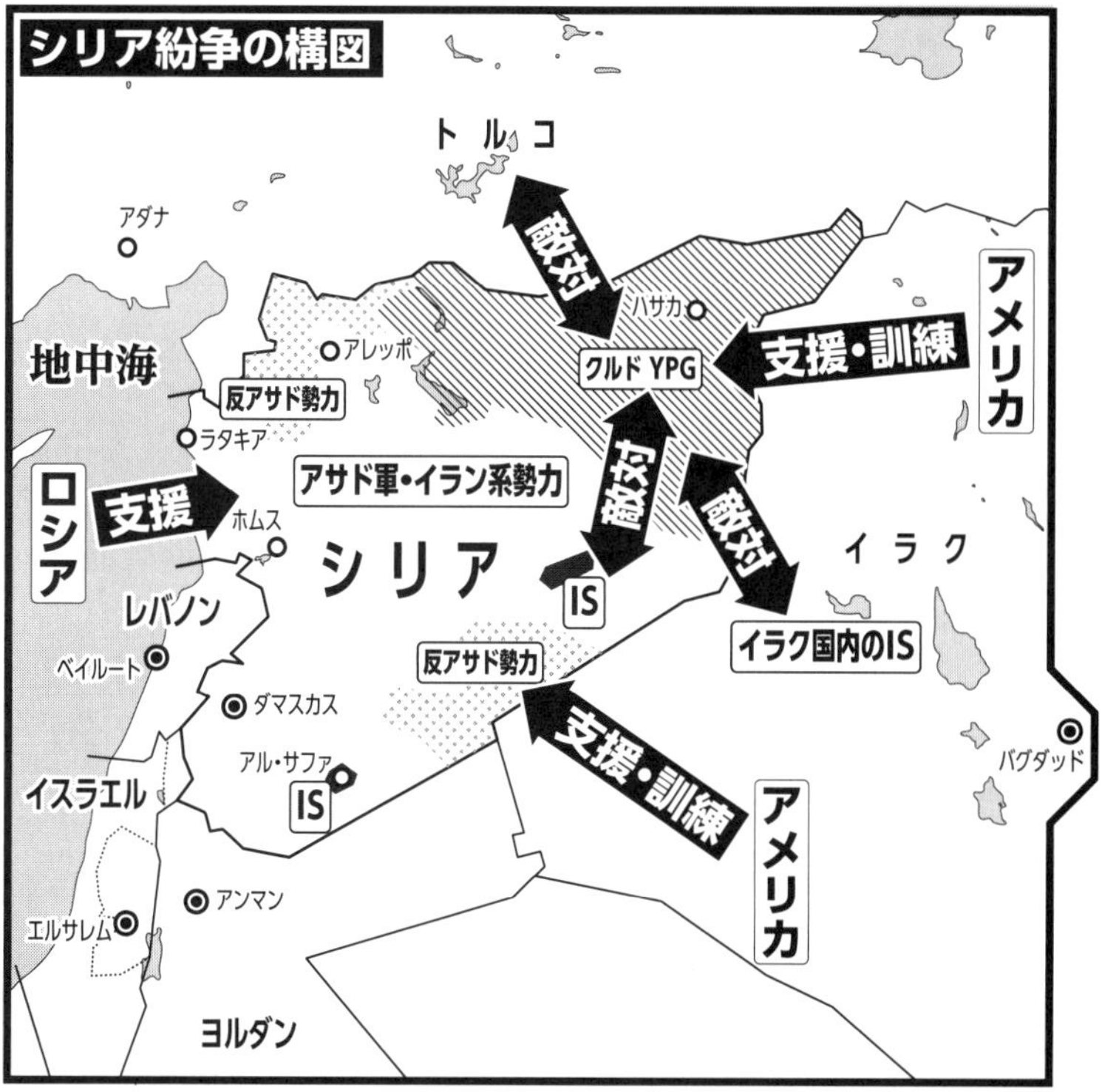


ら支配地域を奪還していく過程で、イラン系民兵部隊がシリアの各地に拠点を拡大させていった様子は第2章でも触れた通りである。

米国は主に陸軍特殊部隊をシリア北部に派遣して、クルド人の民兵部隊YPGの作戦支援や訓練を行なってきた。その結果、米軍の支援を受けたクルド人部隊は、ISの支配地を奪うことに成功し、シリア北部から東部にかけての広大な地域、実にシリア全土の二五パーセント、トルコ国境沿いの六五パーセントを支配する巨大な勢力になった。

しかし、このクルド人部隊は、トルコ政府がテロ組織と指定するクルド労働者党（ＰＫＫ）の姉妹組織であるため、米国政府にＹＰＧへの支援をやめるよう主張していた。トルコ政府は、シリアでクルド勢力が強くなれば、トルコ国内のクルド人を刺激して分離独立運動などが活発になるおそれがあるため、シリアのクルド勢力を何とか弱体化させたいと考えてきた。

しかし、米軍は、過去数年間、シリアでともに戦ってきたクルド人民兵部隊を〝頼れるパートナー〟と見なし、莫大な資金を注ぎ込んで彼らの組織化と能力向上に努めてきた。また、ＹＰＧへの支援をやめて米軍が撤退すれば、再びＩＳが力を盛り返すことを懸念していた。米軍の支援なしにクルド人部隊だけでＩＳを完全に打倒し、その再台頭を防ぐのは困難だと米軍は考えていたのである。

さらに、アサド政権を支援しシリアで影響力を増すイランに好き勝手をさせないためにも、米軍がクルド勢力を通じて現地に居座り、プレゼンスを維持することが重要だと米軍首脳部は考えてきた。

こうした考えは米国防総省だけでなく、国務省や国家安全保障会議（ＮＳＣ）にも共有され、〝クルド勢力を通じたシリアへの米軍プレゼンスの維持〟は、トランプ政権の対シリア政策の中核になっていたはずだった。

実際、米軍は、二〇一八年一二月九日、「シリア東部の安定化のため、ＹＰＧ戦闘員からなる三万五千～四万人の治安部隊を訓練する」と発表し、クルド人部隊を主力とする恒久的な治安部隊をつくる構想を明らかにした。

しかし、こんなことをされては、現在のクルド人支配地域が永続的にクルド勢力のものになってしまうのは自明であり、シリア領内に事実上のクルド「独立王国」ができてしまうことになる。当然、トルコとしてこのような事態は容認できない。

ちなみに米国はこれまでトルコ政府に対し、「米軍によるクルド支援はＩＳ掃討作戦のためであり、対ＩＳ作戦が終了すればすぐにクルド支援をやめる。クルドに提供する武器や弾薬も対ＩＳ作戦にしか使用させず、この作戦が終了したら回収する」と約束していた。

しかし米国は、なし崩し的にクルド支援を続け、シリアへの駐留を長期化させる行動をとり始めていた。

我慢の限界に達したトルコのエルドアン大統領は一二月一二日、「我々は数日以内にシリアのユーフラテス川東側への軍事作戦を実行する」と述べて、軍事侵攻が迫っていることを知らせた。この時までに国境沿いにはトルコ軍やトルコの支援するシリア反体制派グループ「自由シリア軍」の民兵部隊が続々と集結していた。

トルコの「本気度」に焦りを感じた米政府高官は、次々にトルコ政府に対して自制を促す連絡を入れ、両国の外相どうしの電話会談も行なわれ、続いて一四日にトランプ大統領とエルドアン大統領の電話による首脳会談が行なわれた。

## トランプ大統領の突然の決断の背景

この一二月一四日のトランプとエルドアンの電話会談が、トランプ大統領の考えを一変させ、シリアからの米軍撤退を決断させるうえで決定的だったとされている。この電話会談の様子を一二月二一日にAP通信が詳細に報じた。

それによると、トルコのシリアへの侵攻を目前に控えて米・トルコ政府間の切迫したやり取りが続くなか、首脳どうしの電話会談の必要性で合意したのはトルコのチャブシオール外相とポンペオ米国務長官だったという。そして、米国家安全保障会議（NSC）が電話会談をアレンジし、一二月一四日にトランプ大統領とエルドアン大統領が直接この問題について話し合うことになった。

ポンペオ国務長官、マティス国防長官とほかの国家安全保障チームの高官たちは、この会談に先立ち、何としてでもトルコによる軍事作戦をやめさせることの重要性をトランプ大統領に説明していた。

「もしトルコ軍がクルド勢力を攻撃すれば、米軍の兵士たちが巻き添えになる可能性が高い。そんなことを米国は受け入れられない。トルコは米国に協力する道を考えるべきだ」というのがトランプ政権の関係者の総意だった。

トルコがどうしても攻撃を主張して譲らないのであれば、国境のわずかなエリアだけを与えてやめさせる、そんな落としどころも考えていた。

しかし、いざ電話会談が始まると、すぐにエルドアン大統領が主導権を握り、トランプ大統領は防戦一方になったという。

エルドアンはトランプの痛いところを衝いてきた。

「トランプ大統領は繰り返しシリアにおける米軍のミッションはISを打倒することだと言っておられましたよね。もうISはシリアで九九パーセント打倒されましたが、なぜまだシリアに残る必要があるのですか？　もうISは壊滅同然です。残存勢力はトルコが対処しますよ」

トランプ大統領は、この電話会談を聞いていたボルトン国家安全保障問題担当大統領補佐官に「すでにISが九九パーセント打倒されたというのは本当か？」と確認し、ボルトン補佐官は「軍も国務省もすべての関係者が、残されたISのテリトリーは一パーセント程度であると言っています。しかし、ISへの勝利を永続的なものにするには領土を奪う以上のことを続ける必要がある点でも皆合意しています」と付け加えたという。

しかし、トランプ大統領はボルトン補佐官の説明の後半部分は無視して「よしじゃあ、米軍を撤退させよう」と突然言い出し、エルドアン大統領でさえ驚いたという。米軍の撤退を求めていたエルドアン大統領でさえ、「いや、そこまで性急に全面撤退されなくても」と言ったにもかかわらず、トランプ大統領は「いや、米軍はもう撤退させる」と繰り返し伝えて電話会談を終えてしまったという。

トランプ大統領が、シリアでこれ以上の軍事介入を求めていないことはよく知られていた。同大統領は以前からシリアの米軍を撤退させたいと何度か口にしているし、これはトランプの大統領選挙時の公約でもある。エルドアン大統領に詰め寄られたトランプ大統領は〝撤退させるならISをほぼ壊滅させた今をおいてほかにない〟と考えたのかもしれない。

この電話会談の後、トルコのメディアは、トランプ大統領が米軍撤退を約束したらしいと伝えたが、これまでもトランプ大統領が口頭でエルドアン大統領に約束したことが結局実現しないことは何度もあったため、エルドアン政権は懐疑的だったと思われる。

実際、シリアに展開している米軍の動向に変化は見られなかった。現場レベルでは、米軍はそれまでと変わらずYPGを支援するため、武器・弾薬や燃料の補給を加速させていた。一二月一七日には、シリア北部のマンビジュや東部のオマール油田にあるYPGの基地に、燃料や武器・弾薬が続々と届けられ、戦闘準備が進められていた。

一方、ワシントンでは、一二月一四日にエルドアン大統領に電話越しでシリアからの米軍撤退を伝えたトランプ大統領に対し、焦る米政府の幹部たちが何とか大統領の決定を覆す、もしくは遅らせるか、少なくとも撤退のインパクトを最小限に抑えるために知恵を絞っていた。

マティス国防長官は「米軍の撤退はシリアにおける影響力の喪失を意味し、ロシアとイランを利するだけである」と主張。米中央軍司令官のジョセフ・ヴォーテル将軍とIS作戦を進める有志連合軍のブレット・マクガーク米国特使も猛烈に反対したと伝えられた。

一七日にボルトン補佐官、マティス国防長官とポンペオ国務長官はホワイトハウスに集まり、何とか撤退と駐留の中間くらいの策をとれないかと話し合ったが、すでに政権を去ることが決まっていたジョン・ケリー大統領首席補佐官から、「話し合っても無駄だ、大統領はすでに撤退を決意した」と伝えられたという。

翌一八日の朝にも三人は再び集まったが、またしても助言は受け入れられないと断られた。トランプ大統領は一八日中に撤退を発表することを望んだが、同盟国や議会に事前に通告する時間が必要との助言だけは受け入れ、高官たちは一日だけ猶予を与えられたが、一九日に撤退が発表されたのである。

そして翌二〇日、マティス国防長官は辞表を用意して、最後の説得のためにホワイトハウスを訪れたが聞き入れられず、辞任が決まった。その後マティス国防長官は、大統領との意見の違いにより辞めることを明確に記した辞表を公表した。

マティス長官にすれば、『国家安全保障戦略』で示された大方針の下で、ロシア、中国、イランとISを脅威と位置づけ、シリアにおいてはISを打倒し、イランの拡大を防ぐために、米軍は重要な任務を日々遂行していたのだった。それが突然、脅威認識も戦略もまったく関係なしに政策転換を命じられ、これまでの部下の努力や同盟勢力を裏切ることになる。こんな仕事もうこれ以上耐えられない、と感じたのであろう。

一方、トランプ大統領からすれば、このままずっとクルド支援を続け、シリアへの駐留を続けていて何のためになるのか、という根本的な疑問があったのではないかと筆者は考えている。そもそも、シリアからもアフガニスタンからも米軍を撤退させたいと大統領就任前からトランプは発言しており、中東の戦争からは手を引きたいというのが基本的なスタンスである。

しかし、軍事問題はまったくの素人であるトランプは、当初軍部や元軍人のアドバイザーたちの意見に従い、アフガニスタンでも増派を許可し、シリアやイラクでも米軍増派を承認してきた。シリアでの軍事作戦の目標はＩＳ掃討作戦だと聞いていたし、自分もそのつもりでいたが、いつの間にか任務が拡大していて、終わりのない長期駐留の道に進み始めていることに疑問を感じていたが、何となくやめることもできずにいたのだろう。

そんななかでトルコとの軍事緊張が高まり、エルドアン大統領から「もうＩＳはいないではないか」との指摘を受けて、「確かにそうだ。撤退するなら今だ。この機会を失えば、次の大統領選挙までに公約を達成するチャンスは来ないかもしれない」とトランプ大統領は考えたのではないか。

トランプ大統領からすれば、ずっと納得していなかったシリアへの軍事介入からやっと抜け出すチャンスが来たということだったのであろう。〝米軍の幹部連中は反対するが、中東の戦争への介入をやめて米兵を帰国させれば、末端の兵士やその家族たちからは歓迎され、支持率はアップする〟といった計算もあったのかもしれない。

## 「条件付き撤退」へ方向転換

このようにトランプ大統領は一夜にしてシリアからの米軍撤退を決定し、それによりマティス国防長官を失うほど政権内を大きく揺さぶったが、この決定も少しずつ修正が加えられ、いつの間にか「条件付きの撤退」へと方針が変更されていく。

対イラン強硬派のトランプ政権の高官や米議会の重鎮、そしてイスラエルのネタニヤフ首相が、二〇一八年の終わりから二〇一九年の初めにかけて精力的な働きかけを行ない、徐々にトランプ大統領の決定を覆していったのである。

トランプ政権の事実上の「方針転換」を表明したのは、ボルトン大統領補佐官であった。ボルトン補佐官は二〇一九年一月六日にイスラエルを訪問してネタニヤフ首相と会談。その際に記者団に「もはや米軍が必要とされず、トルコがクルド人勢力を攻撃しないと約束しなければ、米軍をシリアから撤退させない」と語り、米軍のシリア撤退の条件として「トルコがクルド人勢力を攻撃しないことだ」と述べたのである。

「シリアに駐留している約二千人の米兵は、トルコがクルド人戦闘員の安全を保証しない限り撤退させないという意味か？」と記者に念を押されたボルトン補佐官は「基本的にそう理解してもらっていい。我々はトルコが米国との合意もしくは調整なしに軍事行動をとることはないと思っている」と答えた。

これはトランプ大統領が前年末に表明した内容とはまったく異なる見解であり、メディアは一斉に「米軍シリア撤退政策の転換」を報じた。

ボルトン補佐官のこの声明後の一月七日、トランプ大統領はツイッターで「我々はＩＳＩＳ（イスラム国）との戦いを続けつつ、その他のことも同時に進めながら適切なペースで撤退する。それが賢明であり必要だ」と述べ、事実上の政策変更を認めた。続けて「これは私の元々の声明とまったく変わらない。メディアが私の意図を不正確に伝えただけだ」とつぶやいたが、ボルトン補佐官が提示した条件でしか撤退しないのであれば、これは一八〇度の方向転換に等しいものだった。

トランプ大統領がトルコのエルドアン大統領との電話会談で、シリアからの米軍撤退を表明したのが二〇一八年一二月一四日。その後、トランプ大統領がこの決断について知らせた最初の外国のリーダーは、イスラエルのネタニヤフ首相であった。トランプ政権が、中東において最も重視している国がイスラエルであることは、こうした政権の対応からもよくわかる。

ネタニヤフ首相は〝米軍のシリア撤退で最も得をするのはイランだ〟と側近らに不満を漏らしたよ

うだが、トランプ大統領との最初の電話会談では、大統領の決断を尊重しつつ、戦略環境の変化に対応するため、「少しだけ時間が欲しい」と大統領に伝えたという。

トランプ大統領はこの電話会談後、米軍のシリアからの撤退を「即時」から「三〇日間」に延長することを認めたが、これはネタニヤフ首相に対する配慮からだという。両首脳は一二月二〇日にも電話会談しているが、その直後のクリスマスの頃からイスラエルがシリア国内でイラン権益に対する空爆の頻度を上げていた。

おそらくネタニヤフ首相は、このまま米軍がシリアから撤退すれば、その力の空白を埋めるべくシリアのアサド政権とその後ろ盾であるイランの影響力が拡大する。そうなればイスラエルとしては独力で対処せざるを得ず、シリアをめぐってイランとイスラエルの間で戦争になりますよ、ということを米国側に伝えようとしたのだと考えられる。

翌二〇一九年一月一日、ブラジル新大統領の就任式に参列したネタニヤフ首相とポンペオ国務長官が会談し、ネタニヤフ首相は改めて「イランの脅威の拡大」についての懸念を国務長官に伝えたとされている（一月一三日付『ワシントン・ポスト』）。

当初シリアからの即時撤退を主張してマティス国防長官の助言を跳ねのけたトランプ大統領だが、すでにこの頃には早期の撤退にはこだわらなくなっていたようである。米国防総省は「三〇日間の撤退では時間的に厳しい」として四か月間を提案し、トランプ大統領にあっさり認められている。

この頃からトランプ大統領は「早くとかゆっくりとか一度も言ったことはない」などと言い訳をするようになっていた。

そして二〇一八年一二月三一日、トランプ大統領は、サウスカロライナ州選出のリンゼイ・グラハム共和党上院議員と昼食をとり、シリアへの駐留継続を求めるグラハム議員に、軍を撤退させる前にいくつかの目標をクリアすることに同意した。

同議員が明らかにしたところによると、トランプ大統領は米軍撤退を成功させるために、「ＩＳを敗北させること、イランに力の空白を埋めさせないこと、そしてクルド人を守ること」の三つの目標を達成することに同意したと伝えられた（一月一三日付『ワシントン・ポスト』）。

こうしてトランプ大統領がシリアからの早期米軍撤退を表明してから二週間足らずで早くも方針転換が決まり、ボルトン補佐官、ポンペオ国務長官が一月上旬から中旬にかけて事情説明のために中東歴訪に出かけた。

こうした経緯を経て、ボルトン補佐官は一月六日にイスラエルを訪問し、ネタニヤフ首相と会談。シリアから米軍を撤退させるうえでの「条件」を明らかにした。ボルトン補佐官は続いて八日にはトルコを訪問し、エルドアン大統領と会談する予定だった。

ようやくトランプ大統領から「シリア撤退＝クルド支援からの撤退」を取りつけたにもかかわらず、ボルトン補佐官はじめ側近の反対で撤退に条件を付けられたトルコ側はこれに激怒した。しかも、トルコがテロ組織と指定する「クルド民兵組織ＹＰＧを攻撃しない」ことなど、トルコが到底容認できる条件ではなかった。

エルドアン大統領との会談のためトルコを訪問したボルトン補佐官を待っていたのは、大統領ではなく、政策策定にまったく関与していないカリン大統領報道官だった。

「ボルトン氏のカウンターパートはカリン大統領報道官だ」と言い捨ててボルトン補佐官との会談を一方的にキャンセルしたエルドアン大統領は、与党の会合で演説し、「ボルトン氏は米軍の撤退に条件を付けるという重大な過ちを犯した」と名指しで非難した。

さらに「ボルトン氏がイスラエルで発したメッセージを受け入れることは不可能だ。トルコはシリアにいるＹＰＧのテロリストを保護せよなどという条件を受け入れることは断じてできない」（一月九日付『フィナンシャル・タイムズ』）と明言し、米政権が新たに設けた条件を「受け入れ不可能」として断固拒否の姿勢を見せたのである。そして「我々はすぐにでもシリアのテロ組織を排除するための動員をかけることができる」と述べて、延期していたシリア北部への軍事作戦の発動を示唆したのである（一月九日付『デイリー・サバハ』）。

トルコからすれば、これまでオバマ前政権の時代から米国に対してＹＰＧへの支援をやめるよう要請してきたにもかかわらず、米国はトルコの要求を一貫して無視し続けてきた。シリア北部への軍事侵攻を準備し、軍事作戦発動のギリギリのタイミングまで米国に圧力をかけて、ようやくトランプ大統領がトルコとの関係改善のためにクルド支援の打ち切りを決断してくれたはずだった。

しかし、その最後の望みをぶち壊したボルトン補佐官をはじめとする米政権高官は、エルドアン大統領からすれば、「米・トルコ関係の修復」を阻もうとする敵対勢力という位置づけになるだろう。

ボルトン補佐官とともにアンカラを訪問したのは、ジョセフ・ダンフォード米統合参謀本部議長と、新たに対ＩＳ作戦有志連合の米大統領特使に任命されたジェームズ・ジェフリー氏であり、文字通りトランプ政権の安全保障チームのトップレベルのメンバーであったが、トルコで何の成果をあげることもできずに帰国した。

トルコの米政府に対する落胆と怒りは大きかった。チャブシオール外相は「我々のＹＰＧに対する作戦は米軍の撤退とは無関係だ。米軍の撤退いかんにかかわらず、わが国の安全保障を脅かすテロ組織に対して必要な行動をとる」と述べ、シリアへの軍事作戦を始める意思を改めて表明した。

一方、自分たちの代表が大恥をかかされたことに対する不満を表明する必要性に駆られたのか、トランプ大統領は一月一三日、「トルコがクルド人を攻撃したら我々はトルコを経済的に叩き潰す」とツイッターでつぶやいた。

本来、中東で協力体制を組まなければならない伝統的な同盟国トルコとの関係は、このようなありさまであった。

## 「中東戦略同盟」構築に奔走するポンペオ国務長官

トランプ政権の高官たちは「シリアからの米軍撤退」表明が中東の同盟国に与えた動揺を鎮め、米国に対する信頼回復のため、年初から中東諸国を精力的に訪問した。

ボルトン補佐官がイスラエルやトルコを訪問している間、ポンペオ国務長官は中東九か国(ヨルダン、イラク、エジプト、バーレーン、UAE、カタール、サウジアラビア、オマーン、クウェート)を歴訪した。

ポンペオ国務長官の中東訪問の主な目的は、中東の伝統的な親米諸国に対し、

「米国は中東から撤退するわけではない。米国はイランの影響力拡大を止めるためにイランに対する圧力キャンペーンを続ける。協力して反イラン包囲網を構築しよう」

というメッセージを伝え、イランに対抗するためのアラブ諸国の戦略的同盟体制を構築することだった。

ポンペオ国務長官は一月一〇日にエジプト、カイロのアメリカン大学で次のように演説した。

「米国はテロとの戦いが終わるまで撤退することはない。我々は皆さんとともにISIS、アルカイダやほかのジハード主義者たちを倒すためにたゆまぬ努力を続ける。トランプ大統領はシリアから

米兵を撤収させる決断を下した。これは我々がこれまでも常にしてきたことであり、その時期がいま来ただけのことであり、我々のミッションが変わったわけではない。我々は引き続きＩＳＩＳの完全な解体やあらゆる形態の過激なイスラム主義との戦いが終わるまで戦いをやめない。ただ、トランプ大統領が言っているように、我々はパートナーたちにもっと大きな貢献をしてもらうように力を合わせて努力していきたい。我々はこの地域で脅威がある限り、空からの攻撃を続けるつもりだ」

ポンペオ長官はこのように述べ、「同盟強化」を求めたが、同盟国にさらなる負担を求めておきながら、自分たちは空からの支援しかしないと言っているようで、説得力に欠けるメッセージであった。

そしてポンペオ氏は「トランプ政権はこの地域で最も深刻な脅威に対抗し、エネルギーや経済協力を向上させるために中東戦略同盟の設立に努めている。湾岸協力機構（ＧＣＣ）のメンバーにエジプトやヨルダンを加えた同盟の設立に向けた次のステップに進むように、これらの国々に協力をお願いしたい」と述べて、反イランの戦略同盟に向けた取り組みを加速させる意向を明らかにした。

トランプ大統領によるシリアからの米軍撤退表明とその後の政策転換により、米国の中東へのコミットメントに対する信頼は大きく揺らいだ。その動揺を鎮めるべくポンペオ国務長官は急ぎ中東諸国を回り、「反イランでまとまろう」とアラブ諸国に呼びかけた。中東での存在感を取り戻したい米国は、失った信頼を回復させるため、必要以上にイランの脅威を強調しようとしている姿勢が明らかだった。

こうしてトランプ政権は、反イラン包囲網を構築することで中東における新たなリーダーシップ回復を目指し、さらにイランに対する強硬な姿勢を強めていったのである。

その一方で、二〇一九年二月一一日、イランは一九七九年のイスラム革命から四〇年を迎えた。この週には各地で記念式典が開催され、歴史的な機会を祝うイベントが催された。この記念すべき時を狙ったかのように、二月一三日、イラン南東部のシスターン・バルチスターン州のザーヘダーンで自爆テロが発生し、革命防衛隊の隊員二七人が死亡、一三人が負傷した。

パキスタンとの国境地帯での作戦を終えてザーヘダーンに帰還途中の隊員たちを乗せたバスに、爆弾を満載した一台の車両が接近して自爆させたという。

テロの実行犯は、同州で活動するイスラム教スンニ派の過激派組織「ジャイシュ・アドル」だとされた。ジャイシュ・アドルは、シーア派多数派のイランにおいて抑圧されたスンニ派のバルーチ人の救済とイラン政府の打倒を掲げて、イラン治安部隊などへの攻撃を行なっている過激派グループである。

イラン革命防衛隊は、例によって今回のテロの背後に米国政府がいるとして非難すると同時に報復を宣言した。

もちろん、それを証明する具体的な証拠はないが、前章でも触れた通り、トランプ政権が対イラン強硬政策をとり、イランの現政権と敵対する国や勢力への支援を強化して以来、それまでのイランでは考えられなかったようなテロが頻発するようになっているのは事実である。

二月一三日に発生したテロを受けて、ロウハニ大統領は一四日、「敵対する米国や中東の親米諸国が実行組織を支援した」との見方を示し、断固として報復すると表明した。

## ペンス副大統領の反イラン演説

ちょうどイランが悲惨なテロに見舞われていた頃、トランプ政権は、中東戦略同盟の構築に弾みをつけるため、関係国を集めて〝反イラン会議〟を開催していた。二〇一九年二月一三日〜一四日の二日間、米政府とポーランド政府が主催した中東会議がワルシャワで開催された。

「中東の平和と安全の未来を促進する」というテーマで行なわれた同会議は、もともとは一月に中東を歴訪したポンペオ国務長官が、イラン包囲網を構築するために呼びかけていたものだが、欧州諸国やロシアなどから一斉に批判を受けたことでトーンダウンし、〝イランについてだけでなく中東地域全体の諸問題について協議する〟という趣旨で開催された。

しかし、それでもロシアやレバノンは会議をボイコットし、欧州連合（ＥＵ）外相も欠席、フランスとドイツも閣僚級高官の参加を見合わせた。また英国もイエメン紛争に関する協議が行なわれた初日のセッションにのみ外相を参加させるという非協力ぶりだった。

実際この会議は、トランプ政権による反イラン広報外交キャンペーン以外の何物でもなかった。極めつきだったのは、一四日の閣僚級会合で行なわれたマイク・ペンス副大統領の演説であった。

これまでトランプ政権内で、イランについては、ポンペオ国務長官やボルトン大統領補佐官が発言することが多かったが、政権を支える共和党保守派の重鎮であるペンス副大統領がここにきて強烈な反イラン演説を行なった。

二〇一八年一〇月のペンス副大統領による反中国演説がトランプ政権によるさらなる対中強硬策の始まりだったことから考えると、このワルシャワでのペンス副大統領の反イラン演説は、これから米国が仕掛けるさらなる対イラン強硬策のスタートを告げる〝狼煙《のろし》〟のようなものだったのかもしれない。

ペンス副大統領の演説を少し詳しくみていこう。

「我々が今日この場に集まっているのは、我々を一つに統合しているもの、すなわち中東における安全、繁栄と人権を前進させるという共通の約束事と、明るい未来に対する最も大きな脅威に対峙するという共通の責任のためである。昨夜は素晴らしかった。この歴史的な会議の冒頭にあたり、この地域の指導者たちが、中東の平和と安全に対する最も大きな脅威がイラン・イスラム共和国であることに同意したからである」

この会議の目的が、イランという脅威に対して団結することだという本音をさらけ出した後、ペンス副大統領はイランの現体制が過去四〇年間、世界中でテロを支援してきたこと、米国大使館や米軍の拠点を爆破し、今でも多くの米国民を人質として拘束していること、国内でも自由を抑圧し、少数民族を弾圧し、女性の権利を阻害して、同性愛者を処刑し、イスラエルの破壊を堂々と主張しているとんでもない国だ、とイランの〝蛮行〟について列挙して非難した。

「米国はこれまで中東における善の力であり続けてきた。しかしイランは現体制の下で、イランの人々にとっては四〇年間の腐敗、四〇年間の圧政、四〇年間のテロと四〇年間の失敗しかもたらさなかった」

このようにペンス副大統領はイランを罵倒した挙句、それにもかかわらずオバマ前大統領がこの憎き敵との「悪魔の取引」に応じてしまい、中東に混乱をもたらしたとして民主党政権も非難した。そして、勇気あるトランプ大統領が、破滅的なイラン核合意からの離脱を決断し、再びイランに制裁を加えたとしてトランプ政権の対イラン政策を正当化した。

この新たな対イラン制裁にはUAEやバーレーンなど多くの国々が協力していると米国の外交成果に触れつつ、この演説のハイライトともいえる欧州批判を展開した。

「しかし悲しいことに、我々の欧州における主要なパートナー国のいくつかはこれらの国々のように協力的ではない。実際彼らは我々の制裁を台無しにするメカニズムをつくる努力を指導的に進めているのだ。（中略）わずか二週間ほど前に、ドイツとフランスと英国は、欧州企業とイランの間の国際的な決済に関して、我々の制裁から回避させることを狙った特別な金融取引のメカニズムを創設することを発表した。彼らはこの計画を特別目的事業体と呼んでいるが、我々はこれをイランの殺人的な革命体制に対する米国の制裁を破る努力と呼ぶことにする」

この会合の直前の一月三一日、ドイツ、フランスと英国は、ドルを介さずにイランとの貿易を行なうための特別目的事業体（ＳＰＶ）を正式に発足させたことを明らかにした。新組織の名称は「貿易取引支援機関（ＩＮＳＴＥＸ）」であり、フランスで登録され、独仏英政府が株主となる。

欧州諸国は、イランが核合意を遵守することを条件に欧州企業とイランの取引を支援する方針を示してＳＰＶの実現に漕ぎ着けたが、現実的には人道支援のための製品や食糧などを対象とした小規模の取引にしか使われないと見られている。

エネルギー分野の取引では、欧州の大手企業は米国による制裁を恐れてイランとの取引を引き続き控えることになる。そのため、この制度で状況が大きく変わる可能性は低いが、「米国の治外法権のような制裁にもかかわらず、欧州諸国がイランとの取引を継続する決意であるという政治的なメッセージ」（『ロイター通信』）を発信したことに意味があった。

しかし、このような些細な抵抗であっても、トランプ政権としてはよほど許しがたい行為に見えたのだろう。欧州三か国のこの政治的なメッセージに対して、「我々の制裁を台無しにするメカニズムをつくる努力」だとして、ペンス副大統領は激しく非難したのである。

「今日、米国のイランに対する経済制裁は歴史上最も厳しいものであり、イランが危険で不安定な態度を変えるまでさらに厳しさを増すことになる」

「我々の欧州のパートナー国は、我々やイランの人々、この地域における我々の同盟国や友好国とともに立つ時が来た。欧州のパートナー国は、イラン核合意から脱退し、イランの人々やこの地域、そして世界の平和と安全と彼らが望む自由を与えるために必要な経済的・外交的な圧力を与える我々の取り組みに加わる時が来た」

と述べて、欧州諸国にイラン核合意からの脱退を求めたのである。

## 深まる大西洋同盟の亀裂

こうしたペンス副大統領の一方的な非難を受けて、EUのとりわけドイツ、フランス、英国ではトランプ政権に対する激しい反発が生まれた。英紙『フィナンシャル・タイムズ』は、イラン核合意は国連も承認する国際合意であり、EUはその合意を継続しようとしており、米国の法律の域外適用を避けようとしているだけだとするドイツ外交官のコメントや、「イラン核合意はイランの核兵器開発を防ぐための最良の合意だ」とするEU報道官の声明を引用して、欧州側の反発と米欧間の大きな認識のギャップを伝えた。

ワルシャワ会議の後、ペンス副大統領はドイツで毎年開催されているミュンヘン安全保障会議に参加し、再び独仏英に対してイラン核合意からの脱退を求め、中国やロシアといった「現状変更勢力」を非難する激しい演説を行なった。

これに対してドイツのメルケル首相が珍しく感情的なトーンでペンス副大統領の主張の不当性を一つひとつ反論する場面があった。メルケル首相は「イラン核合意がイランの姿勢に影響を与えるうえで最良の合意であること」「シリアやアフガニスタンから一方的に軍を撤退させ、中距離核戦力（INF）全廃条約も破棄するなどの単独行動主義が欧州の安全保障を危険にさらすこと」などを指摘して、アメリカ・ファースト路線が世界を不安定化させているとして、珍しくトランプ政権を直接に、しかも激しく非難した。

演説のビデオを観ると、メルケル首相のスピーチは聴衆の拍手喝采を受けてたびたび中断を余儀なくされており、聴衆の多くがペンス副大統領ではなくメルケル首相の意見に賛同している様子が窺われた。

トランプ政権が誕生して以来、米欧関係は常にギクシャクしてきたが、ここに来てもはや修復困難なほど、両勢力の国際情勢に関する認識のギャップは広がり、信頼関係が欠如してしまったことを実感させる演説であった。

ペンス副大統領はミュンヘンでの演説で、「NATOの同盟国が敵国から武器を購入すれば我々は決して見過ごすことはない」と述べた。再三にわたりトランプ政権はNATO加盟国に対してGNPの二パーセントまで国防費を増額するように要求しているが、このペンス副大統領の演説は、まるで〝国防費を増やし米国から兵器を買えば守ってやる〟と言わんばかりの口調であった。

かつてトランプは大統領選挙キャンペーン時に「NATOは無用の長物で、大西洋同盟関係は米国にとってよいディールではない」「我々は（NATOメンバー国を）守っている。彼らはあらゆる軍事的保護を受けているが、米国、そして納税者である米国民に法外な資金を負担させている。これは問題だ。過去の分も含めて、（欧州のメンバー国は）資金を完済するか、同盟から出て行くべきだ。それがNATOの解体を意味するのなら、それはそれでかまわない」（二〇一六年五月『フォーリン・アフェアーズ』）と発言していた。

ペンス副大統領の激しい欧州批判を受けて〝トランプ大統領はこうした考え方を大統領就任後もまったく変えておらず、トランプ政権の中枢スタッフも皆この方針で欧州の同盟国に接してくるのだ〟という諦めにも近い感情が、EU諸国の外交官たちに広がっているようだった。

ミュンヘン会議に参加したドイツ政府高官が「もはやトランプ政権が同盟国の考えや利益を考慮してくれると考える人は誰もいないだろう。そのような期待はもはや吹き飛んでしまった」とコメントしていたのは象徴的である。

米国に対する不信感と反感は、とりわけドイツとフランスでは外交官レベルにとどまらず、一般国民の間でも強まっているようである。

大手世論調査会社ピューリサーチセンターの興味深い調査結果がある。これはワルシャワ会議やミュンヘン会議の前に実施されたものだが、「米国の力や影響力が自国にとっての主要な脅威だ」と考える国民が、ドイツでは二〇一七年時の三五パーセントから二〇一八年には四九パーセントへと増加。同じくフランスでも三六パーセントから四九パーセントへと増加したというのだ。トランプ政権が誕生した二〇一七年から一年間で、「米国を脅威だ」と感じる人たちが急激に増えていることがわかる。

ちなみにオバマ前大統領時の二〇一三年時の調査では、ドイツで一九パーセント、フランスでは二〇パーセントという数字だったので、トランプ大統領が登場してからこの脅威認識が強まっていることが明白である。

このような米国に対する脅威認識が広がりを見せていたなかで、イラン核合意をめぐるトランプ政権の〝敵対的〟ともいえる攻撃を受けて、独仏英の「トランプ離れ」は加速し、大西洋同盟の亀裂はますます深まっていったのである。

## イランを締めつける米主導の経済制裁

トランプ政権が推し進める外交的な対イラン包囲網は、思ったような成果をあげることができずにいたが、米国が一方的に繰り出す経済制裁の圧力は、確実にイラン経済に打撃を与えていった。

二〇一九年三月二二日、米政府は新たにイランの三一の個人と組織を制裁の対象として指定したことを明らかにした。米財務省によれば、これらは「イランの過去の核兵器計画において中心的な役割を担っていた」とされる個人や組織であり、米政府はこれらの人物や組織が引き続き核兵器開発に携わっている可能性があると疑い、制裁対象に指定したという。

米政府が疑いをかけているのは「防衛革新研究機構（SPND）」という政府の研究機関と、同機構に関係する個人であった。SPNDはイランがかつて推進していたとされる核兵器プログラム「AMAD」の研究を継承している機関だとされ、米国の制裁対象とされているイラン革命防衛隊の高官が設立した組織である。

米財務省のシーガル・マンデルカー次官と国務省国際安全保障および不拡散担当次官のクリストファー・フォード氏は「この組織が継続されているということ自体、イラン政府が核兵器開発を視野に入れており、単に原子力の平和的な利用だけを狙っているわけではないことの証しだ」と述べて、この制裁措置を正当化した。

フォード国務次官は「かつてのＡＭＡＤプログラムで働いていた科学者などを民生用・軍用の両用（デュアルユース）の核技術の研究に従事させることで、イランは核兵器や最新兵器に携わる科学者のスキルを温存しようとしている」と述べて、イラン政府を批判した（二〇一九年三月二一日付『ウォールストリート・ジャーナル』）。

三月一二日、マンデルカー財務次官が議会に提出した報告によれば、米財務省のテロ対策金融インテリジェンス部門にとって、イランの制裁逃れやテロ資金ネットワークの解明は最優先事項になっており、二〇一八年一一月にイランに対するすべての制裁が復活して以来、新たに七〇〇の個人、団体、航空機・船舶が制裁対象リストに追加されたという。

その中にはイランと関係する七〇以上の金融機関やその子会社も含まれており、対イラン制裁関連でトランプ政権が制裁対象とした個人や企業、団体、航空機・船舶の数は合計で九二七にのぼっていることが明らかにされた。

また同次官は、イラン中央銀行（ＣＢＩ）がイランの対外諜報工作活動やテロ資金活動を隠蔽するための隠れ蓑として機能していることも暴露。たとえば、シリアのアサド政権に石油を販売しているロシア、シリア、イランの各企業が協力してイラン革命防衛隊「コッズ部隊」やレバノンのヒズボラ、パレスチナのハマスに資金を流していたのだが、米財務省は、このスキームの中でＣＢＩの高官が、シリアに石油を輸送するロシア企業向けに数百万ドルの資金を送金する役割を担っていることを突きとめ、このネットワークの全貌を明らかにして関連企業を制裁対象にしたという。

米国による対イラン制裁は、このように世界最強の金融インテリジェンス能力を使ってイラン系ネットワークを特定して制裁対象に指定するだけでなく、実際の取り締まり作戦という面でも以前と比べてはるかに厳しくなっていた。

これには技術面での進歩が大いに役立っているようだ。たとえば米財務省が対イラン制裁に違反してイランの原油を運んでいるタンカーを特定し制裁リストに追加したとしても、実際にこのタンカーを追跡して拿捕する能力がなければ制裁の効果はあがらない。

ところが最近では、衛星による船舶航行監視能力が著しく強化されたことにより、そうした取り締まりが強化されているという。通常の船舶の航行パターンをシステムに記録させることで、典型的な商船の航行ルートから外れた不規則な動きを見せる船舶をピンポイントで特定して追跡するソフトウエアが開発されたことで、これまでは当局の監視の目から逃れていた密輸船などを、各国の海軍や海上法執行機関が探知する能力が飛躍的に高まったのである。

こうしたテクノロジーの進歩もあって、二〇一九年以降イランからシリアへ向かう密輸船がことごとく拿捕された。イランからシリアへの原油輸出は、内戦が始まった二〇一一年当時は日量三五万バレル程度あったとされるが、二〇一八年の最後の三か月間は日量六万六千バレル程度にまで減少し、二〇一九年一月二日以降は、なんとイランはシリアにまったく輸出できなくなり、ゼロにまで減ってしまっている。米主導の制裁措置が強化されたことにより、イランはシリアのアサド政権に、事実上原油を海上輸送できなくなってしまったのである（三月二二日付『ウォールストリート・ジャーナル』）。

また、海上を通じたイランへの圧力は、別のかたちでも強められた。

三月二四日、米国はオマーンと協定を締結することで合意したことを明らかにした。この合意により米海軍は、オマーンの二つの港ドゥクムとサラーラへアクセスできるようなった。ドゥクム港の開発では中国やイラン系企業の活動が目立っているが、その港の軍事施設に対する米海軍のアクセスが可能になったことで、米国はオマーンにおける中国やイランの影響力に一定の歯止めをかけるポジションを確保した。

米国とオマーンの軍事的な協力の歴史は一九八〇年代にまでさかのぼり、両国はこの頃から一定の軍事協力関係を築いてきた。たとえばオマーンは米軍に同国の空港を使用する権利を与えており、アフガニスタンやイラクにおける米軍の軍事作戦の際も、米軍はオマーンの空港を使用した。

これに加えて、今回米海軍がオマーンの港、しかもホルムズ海峡を通らずに同国にアクセス可能な南側沿岸に位置する二つの港を利用できることになった戦略的価値は高い。ドゥクム港は大型船の寄港も可能であり、米空母の受け入れも可能なキャパシティを備えている（三月二九日『ＦＤＤポリシーブリーフ』）。

ちなみにオマーンはイランとの関係も緊密なため、過去たびたび米国とイランのバックチャンネル（裏ルート）として機能してきた。最近では二〇一五年の核合意に至る米国とイランの水面下での交渉でもオマーンは重要な役割を果たしたことが知られている。

オマーンは二〇一八年一〇月にイスラエルのネタニヤフ首相の訪問を受け入れたことで国際的な注目を集めたが、米・イラン対立が激化するこのタイミングで、米海軍に戦略的にも重要な港へのアクセス権を与えるという決定を下したことになる。

米・イラン対立の中で、中東の小国が生き残りをかけて両国とのバランスを維持しようと努め、また米・イラン両国も自国に有利な環境を形成するために激しい外交戦を展開している様子が見てとれる。

## 隣国との関係強化で生き残りを図るイラン

二〇一九年に入ると、こうした米国による制裁の影響が、イランが近隣諸国に張りめぐらせたシーア派系民兵ネットワークの末端にも及び始めていることが徐々に明らかになった。

イランの支援を受けているシリアの民兵たちは、すでに給与の削減に直面しており、同国でイランが約束していた開発プロジェクトも資金難でストップした。イランは、シリア内戦が始まった頃からアサド政権に対する経済的な支援を進め、シリア北西部に新しい発電プラントを建設するプロジェクトを進めていたが、この頃から資金が止まり、プロジェクトは中断を余儀なくされたという。

また、シリアでアサド政権を支援して戦うシーア派の民兵たちも、二〇一九年に入ってから給与が半減し、家族を支えるのが難しくなっていることが伝えられている。レバノンのヒズボラの末端の戦闘員たちも、二〇一九年一月分の給与は支払われず、二月分も基本給のみで、車両の修理代などは自腹を切らざるを得ない状況が続いていると伝えられた（三月二八日付『ニューヨーク・タイムズ』）。

これに対してイランは、イラク政府やシリア政府との協力関係を強化して米国による制裁の圧力を緩和させることを狙った。

二〇一九年二月二五日、シリアのアサド大統領は、二〇一一年に反政府デモが開始され内戦になって以来初めてイランを訪れた。米軍のシリアからの撤退が取り沙汰されるなか、アサド大統領がテヘランを訪問し、ハメネイ最高指導者やロウハニ大統領と会談し、イランのシリア政府への支援に対する謝意を伝えるとともに両国の結束を強調した。

一説によれば、米政府がアサド政権に対し「イランとの関係を切るのであれば米国がシリアを支援する」とのオファーを出したのに対し、アサド大統領がテヘランを訪問することで「ノー」の意思を示したとも噂された。

いずれにしてもトランプ政権がシリアからのイランの影響力排除を目論んでいるのに対し、両国の結束が固いことを示し、今後のシリアの再建にイランの存在が不可欠なのだという姿勢を見せつけた格好となった。

続いて三月一一〜一三日には、イランのロウハニ大統領が隣国イラクを訪問した。これはロウハニがイランの大統領に就任した二〇一三年以来で初めての公式訪問である。ロウハニ大統領の訪問時、イランとイラク両政府はエネルギー、輸送、農業、産業や衛生分野で数々の合意文書に調印し、両政府は二国間の貿易を拡大させ、年間一二〇億ドル相当の貿易量を二〇〇億ドルへ増大させることを目標にすることで合意した。

イラクにとってイランは、電力と天然ガスの供給国として重要な位置を占めており、米国の圧力にもかかわらずイラクはイランから電力とガスを買い続ける方針を変えていない。また、今回のロウハニ大統領の訪問では、イランのシャラムチ市からイラクのバスラ市をつなぐ鉄道建設計画が注目を集めた。両国はシリア政府との間でイラクとシリアを結ぶ鉄道の建設でも合意しており、将来的にはイラン・イラク・シリアの三か国をつなぐ戦略的にも重要な鉄道の建設も視野に入れているという。

さらにイラン・イラクは二国間のビザなし渡航についても合意に達しており、今後さらに両国間の人の移動を活発にさせることを目指すとされた。

イラクは、米国とイランの対立の狭間に立たされ、これまでもバランスをとりながら両国との関係を維持してきたが、政治面でもイランの影響力の強いシーア派民兵組織を基盤とする政治勢力が政界に出てくるなど、イランと敵対していては政治の安定が図れないのが現状である。

一方のイランは、隣国イラクとの経済関係を強化することで、少しでも米国による制裁の影響を緩和しようと考えたのであろう。またシリアのアサド政権の地位が安定し、今後のシリア復興プロジェクトに参画することで、これまでシリアに注ぎ込んできた費用を少しでも回収することを狙ったものと思われる。

米国による対イラン圧力は確実に強まり、イランやその友好勢力に経済的な圧力を加え始めているが、イランは隣国との関係を強化して何とか耐え忍ぶ戦略をとっている。

## イラン革命防衛隊を「テロ組織」に指定

こうしたなか、三月二一日にトランプ大統領は、ゴラン高原についてイスラエルの主権を認めると発言し、実際に二五日にイスラエルの主権を正式に認める文書に署名した。この署名式はイスラエルのネタニヤフ首相が同席して行なわれ、トランプ政権のイスラエルとの親密ぶりが際立った。

文書では「イランやテロ組織がゴラン高原をイスラエル攻撃のための場所とする可能性がある」と指摘され、それゆえ「イスラエルの主権を認めることは適切だ」との説明がなされ、トランプ大統領も「イスラエルの自衛能力を強化するための歴史的な措置だ」と誇らしげに語った。

言うまでもなく、ゴラン高原は一九六七年の第三次中東戦争でイスラエルが占領し、八一年に一方的に併合を宣言した土地であり、もともとはシリアの領土である。イスラエルに対してゴラン高原からの撤退を求める国連安保理決議があることからも明確な通り、国際社会はイスラエルのゴラン高原併合を認めていないし、米国も認めてこなかった。

当然シリア政府はこのトランプ大統領の声明を強く非難し、ゴラン高原をあらゆる手段で奪還する決意を表明。イラン政府も「ゴラン高原がシリア領である事実は変えられない」として猛反発。またトルコのエルドアン大統領も「地域に新たな危機をもたらす危険がある」として警告を発した。

このタイミングでトランプ大統領がイスラエルのゴラン高原の主権を認めた背景については、その直後に予定されていたイスラエルの選挙でネタニヤフを支援することや、トランプ自身の大統領選挙のために、イスラエル贔屓のキリスト教福音主義派など米国内の親イスラエル勢力の支持を確実にすることがあったのではないかといわれている。

ただこの署名文書でも説明されている通り、シリア国内でのイラン系武装勢力のプレゼンスが拡大し、イスラエルにとって脅威となっていたのは事実であり、〝イランと対抗するイスラエルを支援する〟という安全保障面での文脈も理由の一つに含まれていたと考えられる。

また、トランプ政権は、四月八日にイラン革命防衛隊（ＩＲＧＣ）をテロ組織に指定したことを発表した。トランプ大統領は「米国務省が主導するこの前例のない措置は、イランがテロ支援国家であるというだけでなく、ＩＲＧＣが国政の手段として積極的に資金調達に関わり、テロを助長していることを認識してのものである」との声明を発表し、「この措置はイランに対する圧力の範囲と規模を大幅に拡大する狙いがある」と付け加えた。こうして米国は、初めて他国の軍事組織そのものを「テロ組織」として公式に指定した。

トランプ政権の中では、ボルトン補佐官やポンペオ国務長官等の対イラン強硬派がＩＲＧＣのテロ組織指定に積極的だったのに対し、国防総省は最後まで慎重な姿勢を示していたと伝えられている。

この措置に反発する革命防衛隊やその同盟勢力がイラク、シリアやアフガニスタンで米国権益に対して報復行動をとった場合、その攻撃の最前線に立たされるのは米軍であることから、国防総省はテロ組織指定には基本的に反対の立場をとってきた。

イランのザリフ外相は「トランプ政権はそうした行為が中東における米軍部隊にとって大惨事を招くことになることを十分に理解しているはずだ」と述べ、革命防衛隊のムハンマド・アリ・ジャファリ司令官は「米国がそのような愚かな行為に出るとすれば、西アジアにいる米軍や治安部隊は現在のような安全を享受できなくなるだろう」と脅しともとれるコメントを発表した。

もちろん、これは言葉による脅しだが、このような緊張が高まってくれば、イラクでシーア派の民兵が少しでも米国権益に挑発的な行動をとった場合、米国側が過剰に反応して先制攻撃をして衝突に発展するといった危険も確実に高まることになる。

この米国政府の措置を受けて、同八日、イラン最高安全保障委員会も米国を「テロ支援国家」と認定し、中東などの地域を統括する米中央軍や関連組織を「テロ組織」に指定したと発表した。

革命防衛隊をアルカイダやＩＳと同列のテロ組織に指定したことで、米国は、理論的には対テロ戦争の文脈で「宣戦布告」することなく革命防衛隊を攻撃することが可能になった。つまり二〇〇一年の9・11テロ後に制定された「武力行使権限の承認」に基づいて、議会からの承認を得ることなく、「テロ組織」には軍事攻撃が可能なのだが、その対象に革命防衛隊も含まれるようになったということである。

同じくイラン側も、ＩＳの拠点に弾道ミサイルを撃ち込んだのと同じように、「テロ組織」である米軍基地を攻撃できることになる。国家の軍隊に対して軍事力を行使するには、どの国にとっても一定のハードルが存在し、簡単なことではない。米国とイランは、双方の軍事組織を「テロ組織」と認定したことで、軍事オプションのハードルを大きく下げてしまったことになる。

さらに大きな国際政治的な文脈で考えると、イランという「国家」の機関をテロリストに指定してしまうことは、これまで米政府が長年にわたって使ってきた「テロリズム」の定義を自ら否定してしまうことを意味する。

米政府はこれまで意図的に「テロリズムという暴力行為」を「非国家主体によるもの」と条件づけてきた。テロとは通常「政治的な目的のための殺人や破壊行為」を指すが、国際的な定義は存在しない。それが定義できない最大の理由は「国家テロ」を認めた場合、何が「テロ」にあたるのかを客観的に示すことができなくなってしまうことが一因である。

たとえば、イスラエルの占領に抵抗してパレスチナの若者がイスラエル兵を攻撃する行為は「政治的な目的のための殺人や破壊行為」であり、「テロ」だとイスラエルは主張する。一方、イスラエル軍がパレスチナの若者を「テロリストだ」として殺害する行為も、「政治的な目的のための殺人」と言えなくもない。実際にパレスチナ人たちは、イスラエルの暴力を「国家テロ」と非難している。

米軍がアフガニスタンやソマリアやイエメンで無人機を使って民間人を爆殺する行為はどうだろうか?「テロではない」と主張する明確な根拠は何だろうか?

つまり、行為者を「非国家主体」に限定しなければ、米国やイスラエルによる行為を「テロではない」と主張する根拠がなくなってしまう、少なくともその根拠が著しく薄れてしまうため、米国はこれまで「テロは非国家主体によるもの」と限定してきたのだった。

今回、革命防衛隊をテロ組織指定したことで、米国は自らそのロジックを破壊してしまい、「米国の行為だってテロだ」と主張したい相手に、その主張の根拠を与えることになってしまった。

もちろん、トランプ大統領にこのような理屈は通用しない。しかし、トランプ政権の下、これまでかろうじて国際政治の秩序や安定を維持するために機能してきた原理原則や倫理、国際法といった秩序維持装置が次々と破壊されているのは事実である。

そして、そんなトランプ政権が次から次に繰り出す国際法を無視した数々の「攻撃」にさらされ、経済的に追い詰められていくイランは、ついに「耐え忍ぶ」だけの消極的な作戦から、危機を煽ってでも「抵抗」する積極的な戦略へと大きく対米戦略を切り替えていく。

# 第6章　イランの「最大限の抵抗」戦略

## 「戦略的忍耐」政策をやめたイラン

二〇一九年四月、米国はイランの動きに変化が現れたのを察知した。

五月二九日、ジョセフ・ダンフォード米統合参謀本部議長は、ワシントンのシンクタンクで行なった講演で次のように述べている。

「四月以降、イランからの脅威に質的な変化が見られるようになり、五月に入るとイランが中東各地で米国への挑発的な動きを活発化させてきた」

五月までにイランが態度を硬化させた理由を探すのは難しくない。イランは、二〇一八年五月に米国が核合意から脱退して制裁を再開させてからも、過剰に反応することを避け、主に欧州諸国と協力することで核合意を維持し、米国による経済制裁を回避する方法を欧州勢や中国などがつくってくれることを期待していた。

しかし、二〇一九年一月に、英独仏が、米ドルを介さずにイランとの貿易を行なうために設立した特別目的事業体（SPV）「貿易取引支援機関（INSTEX）」は、五月になっても機能せず、同社を通じた取引は一件も成立しない状況だった。

そうこうするうちに、米国の経済制裁の影響でイランの原油輸出がみるみる減少していった。二〇一八年一一月以降、米国はイランの原油輸入に対する制裁措置も復活させていたが、イラン原油への依存度の高い八か国には半年間の猶予期間を与え、イラン原油の輸入を認めていた。しかしこの八か国も、米国の制裁を恐れて順次イラン原油の輸入量を減少させていった。

そして欧州勢がイランに対する救済策をとれないなか、五月二日、米国はイラン産原油禁輸の猶予措置を終了させ、ついに全面禁輸に踏み切ったのである。

二〇一八年四月のピーク時には日量二八〇万バレルあったイランの原油輸出は、同年一一月には一〇〇万バレルまで減り、全面禁輸発動後の二〇一九年六月時点では五〇万バレルを下回ったと伝えられた。

オバマ政権時代の制裁下でも日量八〇万バレル程度は輸出できていたことを考えると、トランプ政権の仕掛ける〝最強の圧力〟政策は、確実にイラン経済に打撃を与えていた。そしてこの状況に対し、欧州諸国も中国も無力であり、イランが〝戦略的な忍耐〟を続けても、結局は自分たちだけが経済的に疲弊することをイランの政治指導者たちは強く認識した。

二〇一九年五月八日、イランのロウハニ大統領が、濃縮ウラン貯蔵量の制限など、核合意の履行を一部停止する方針を表明し、「六〇日以内に欧州などとの交渉に進展がなければ、高濃縮ウランを製造する」と警告したのは、イランが〝戦略的な忍耐〟をやめ、積極的に相手を揺さぶる作戦へと政策を転換させたことを物語っていた。

そして、この五月以降、中東で危険な事件が次々に発生していく。

## 二〇一九年五月のペルシャ湾危機

五月五日、イランの脅威の変化を感じた米政府は原子力空母エーブラハム・リンカーンを中心とする空母打撃群をイラン近海に派遣すると発表した。そしてその二日後、米中央軍は「イランやその代理勢力が地域の米軍部隊を攻撃しかねない準備をしている兆候がある」と発表して警戒を強めた。

実はこの頃、米軍はペルシャ湾を航行する二隻のイラン国籍の商船を追尾していた。この商船には短距離弾道ミサイルが搭載されていることが米情報機関によって確認されていたため、米政府内で一気に緊張が高まったのである。

また米政府は、イランの支援を受けるイラクのシーア派民兵部隊がイラク北部アルビルの米総領事館に向けて接近を始める兆候も察知した。トランプ政権は「イランが各地で米国権益に対する同時多発的な攻撃を仕掛けようとしている」と結論づけたという。

マッケンジー米中央軍司令官は「五月上旬のイランの脅威は切迫しており、高度に準備されたものだった」と六月七日にＡＰ通信に証言している。

米政府が警戒を強めるなか、五月一二日にアラブ首長国連邦（ＵＡＥ）のフジャイラ沖でサウジアラビアの石油タンカーなど四隻が攻撃される事案が発生した。一四日にはサウジアラビア・リヤド州のパイプラインの圧送施設がドローン（無人機）による攻撃を受けた。

身の危険を感じた米政府は五月一五日、イラクの首都バグダッドの米国大使館と北部アルビルの米領事館で、緊急性の低い業務に携わる職員をイラクから退避させる措置をとった。

その直後の五月一九日、バグダッドで米国大使館のある「インターナショナル・ゾーン（ＩＺ）」にロケット弾一発が撃ち込まれたが、先の二隻の商船がイランの港に帰還し、ミサイルを撤去したことが確認されたことから、ひとまず緊張はやわらいだ。

## 安倍首相の訪問後、再び高まった米・イラン間の緊張

二〇一九年六月一二日〜一四日、安倍首相がイランを訪問し、米・イラン間の緊張緩和に一役買おうと慣れない仲介外交に乗り出した。安倍首相は一二日、日本の首相として四一年ぶりにイランを訪問し、ロウハニ大統領と首脳会談を行なった。会談は一時間の予定を大幅に上回り、約二時間二〇分に及んだ（『共同通信』）。

しかし、会談後の共同記者発表は、日本側が望んだようなものにはならなかった。

安倍首相が「偶発的衝突が起こることのないよう、イランが建設的な役割を果たすことが不可欠だ」と述べたのに対して、ロウハニ大統領は、悪いのは米国であり、米国を何とかすべきだとして以下のように述べた。

「緊張が激化しているのは、イランに対して米国が経済戦争を仕掛けていることが原因。この戦争をやめれば、この地域や世界で多くの前向きの変化が起こるだろう」

これは〝問題を起こしているのは米国であり、米国が経済戦争をやめ、とくにイラン原油禁輸制裁を停止すれば、日本が求めるような米国との対話に応じることを検討してもいい〟という意味であり、逆に言えば米国が原油禁輸制裁を続ける間は、米国との対話など考えられない、と言ったに等し

い。

ロウハニ大統領は「日本が金融上の問題を解決してイランの原油購入を継続しようとするのであれば、二国間の関係をさらに改善することができるだろう」と述べた。これは〝我々と関係を強化したいのであれば米国の制裁に従うのをやめて我々の原油を買うべきだ〟と言ったに等しい。

さらに一三日には、安倍首相とイランの最高指導者ハメネイ師との会談も実現した。安倍首相はこの会談で「米国は誠実に対話する用意がある」とトランプ大統領からのメッセージを伝えたようだが、ハメネイ師は「米国の発言は信用できない」「トランプ氏がイランの体制転換を求めないと述べたのは嘘だ」と一蹴した。

この会談後にハメネイ師が発表した声明の中でも「イランは米国を信用していない。賢明な国家は圧力を受けた状態では交渉を受け入れない」と明言した。また、安倍首相が伝えたトランプ大統領のメッセージに対して、「彼（トランプ氏）はメッセージを交換するに値する相手ではない。返事はしない」（『共同通信』）とメッセージ交換を拒否し、メッセンジャーとしての安倍首相の面子は丸つぶれであった。

しかもハメネイ師との会談直前に、ホルムズ海峡近くのオマーン湾で日本の船舶を含む二隻の石油タンカーが何者かの攻撃を受けて炎上する事件が発生。トランプ政権はすぐに「イランの責任だ」としてイランを非難し、緊張を緩和させるどころか、米・イラン間の緊張が高まってしまった。

2019年6月、安倍総理は日本の首相として41年ぶりにイランを訪問、ロウハニ大統領（写真）やハメネイ師と会談した。（内閣府HP）

日本政府に責任があるわけではないが、今回の訪問が何ら目標を達成することができず、「中東における和平外交の初心者プレーヤーは手痛い教訓を得ることになった」と米紙『ウォールストリート・ジャーナル』に評されるような惨めな結果だったことは否めない。

そして、この安倍首相のイラン訪問後から、一気に地域の緊張が高まっていく。

翌一五日にはイラク中部バラドのイラク空軍基地に迫撃砲弾が三発撃ち込まれ、一八日にはイラク北部モスルで米軍を狙ったロケット弾攻撃。一九日にはイラク南部バスラに進出する米石油会社エクソン社のオフィス近くにロケット弾が撃ち込まれ、イラク人三人が負傷する事件が発生。同社は外国人スタッフ二一人を緊急国外退避させた。

そして六月二〇日、イラン革命防衛隊は「米海軍の無人偵察機がイラン領空を侵犯した」として撃墜したことを発表するに至り、緊張はピークに達した。これはつまり、米軍がイラン軍部隊から直接攻撃を受けて被害が発生したことを意味し、当然米軍が何らかの報復攻撃をする可能性のある事案だった。

また軍事機密の詰まった無人機が敵の手に渡る前に米軍がそれを破壊しに行く可能性もあったため、軍事衝突へと発展する可能性のある極めて危険な事態だったと言える。

実際、ボルトン国家安全保障問題担当大統領補佐官やポンペオ国務長官など、国家安全保障チームのほとんどのメンバーが報復攻撃を主張し、トランプ大統領も一時攻撃を承認したものの、攻撃開始の一〇分前にトランプ大統領が突如攻撃命令を撤回した、と報じられた。

トランプ大統領は「無人機撃墜の報復としてイラン国内の三か所のターゲットに対しての空爆作戦を一度は承認したものの、それによる人的被害が一五〇人にのぼることを軍高官から知らされ、人道的な配慮から攻撃を回避した。そもそも最終承認はしていなかった」などと説明した。

トランプ大統領がイラン側の人的被害を考慮して作戦を中止にしたのかどうかは疑問が残る。それよりもむしろ、もし米国がイランを攻撃した場合、イランからの報復攻撃を受けて米軍側に人的被害が出る可能性が高い。そうなれば米国内での反発は必至であり、トランプ大統領はそちらを心配したのではないかと思われる。

いずれにしてもトランプ大統領は、この時「撃墜されたのが有人機だったらまったく異なった対応になった」と述べており、人的被害が発生した際にはこのような自制はしないとの「レッドライン」を示唆した。

さらに言うならば、自国の無人機を撃墜された報復として、イラン国内の三か所のターゲットに限定的な攻撃をする計画を立てたことや、それによる被害を一五〇人と米軍が見積もったこと自体、軍事的に極めて繊細な機密情報であり、それをいとも簡単にツイッターで公表してしまう最高司令官に、米軍は頭を痛めたに違いない。

トランプ大統領は、国家安全保障チームのメンバーたちが戦争へと駆り立てたことに憤慨し、「この連中がわが国を戦争に持っていこうとしたのだが、本当に頭にくる。もうこれ以上戦争は必要ない」と述べて不満を表明し、チームの中で唯一軍事攻撃に慎重な助言をしたダンフォード統合参謀本部議長を褒めちぎった。

さらに英ロイター通信によれば、この無人機撃墜の直後、トランプ大統領がオマーン経由でイランにメッセージを送り、「米国は戦争を望んでおらず、話し合いを求めていること」を伝えていたという。これに対し、イランはオマーン経由で「もし米国がイランを攻撃したら地域全体だけでなく国際的な影響が出ることになる」と返答していたことも明らかにされた。

トランプ大統領は、対話のオファーを出したにもかかわらず相手にもされず、逆にイランに脅されたこと、また、自分が戦争を避けたがっていることが「弱腰」と見なされることを嫌ったのであろう。この後すぐに〝イランに対する圧力を強める〟と述べて、ハメネイ師を制裁対象にしたことやサイバー攻撃を仕掛けたことを明らかにした。

## イランの「最大限の抵抗」に苦しめられるトランプ

トランプ大統領が、無人機撃墜に対する報復攻撃を寸前でやめたことから明らかなように、大統領はイランとの戦争を望んでいない。すでに米国内では、次期大統領選挙に向けたキャンペーンが始まっており、トランプ大統領は「核合意から脱退してイランに最大限の圧力を与えていること」「中東の戦争を終えて米兵を撤退させていること」を自身の外交的成果としてアピールしていた。

二〇一八年末にシリアからの米軍全面撤退を主張したことからも明らかな通り、トランプ大統領は中東からの米軍撤退を実現したがっており、新たな戦争を始めるなどもっての外であろう。

中東の歴史を知らず外交経験の乏しいトランプ大統領は、イランにできる限りの圧力をかけて経済的に追い詰めれば、最終的には膝を屈して新たな交渉に応じてくると本気で信じており、「圧力」をかけた結果「戦争」に発展するなど想像もできなかったに違いない。

これに対してイランは、米国の進める「最強の圧力」政策が、米国自身にも痛みをともなうことを認識させ、イランに圧力をかける代償を払うか、それとも圧力をゆるめ制裁緩和かの選択を迫る「最大限の抵抗」戦略へと舵を切った。

ウラン濃縮を再開させて危機を高めているのは、そこまでしなければ、欧州諸国が〝制裁緩和しなければ核合意は崩壊する〟という危機感を持ってくれないと考えたからであろう。

外交的には、核合意の事実上の破棄をちらつかせて欧州勢に圧力をかける一方、イラン革命防衛隊は、特殊作戦や周辺地域の代理勢力を通じたテロ攻撃を通じて、米国に圧力をかける計画を進めた。

イランは、米国による経済制裁、とくに原油禁輸制裁に対する反発から「石油関連施設」と「米軍関係施設」にターゲットを絞り〝制裁をやめないと本格的に近隣の石油施設を破壊する、我々にはその能力がある〟というメッセージを発信したのだと思われる。

二〇一九年五月～六月に発生した一連の攻撃はすべて人的・物的損害を出すことが目的ではなく、いわば「寸止め攻撃」で、軽微な被害しか出していない。これは一定の指揮の下でなされた組織的攻撃であることを強く示唆していた。

米国が仕掛ける「最強の圧力」に対し、こちらも「最大限の圧力で抵抗」し、戦争の危機を高めることで、「戦争を回避したい」トランプ大統領を追い詰め、「戦争か?制裁緩和か?」の二者択一に追い込んで妥協を引き出そうと、イランは一か八かの賭けに出たのである。

イラク戦争の二の舞を避けたい米国は、たとえイランと戦争になっても、体制転換を目的とした大規模侵攻作戦はできない。空爆だけでイランの体制を打倒できないことを知っているイラン強硬派は、万が一米国と戦争になっても現体制を維持できると考えているに違いない。

もしイランが何もしなければ、原油の全面禁輸を受けてジリ貧になり、体制の存続も危うくなる。そうであるならば、座して死を待つのではなく、戦争も辞さぬ覚悟で「最大限の抵抗」をした方がいい、とイランは考えたのであろう。

極めて危険な賭けだが、そんな賭けに出てもこれ以上失うものがないくらい、イランは追い詰められているという言い方もできる。米国は、これほどまでに強大な圧力をかけてイランを追い詰めてしまったのだから、今度はイランから最大限の抵抗を受けて苦しめられたとしても仕方あるまい。

米国はかつて日本を石油禁輸で苦しめ、戦争に駆り立てるまで追い込んでしまった歴史から学ぶべきであった。イランをここまで追い込んでしまったトランプ大統領は、この誇り高い民族の〝生存をかけた必死の抵抗〟に苦しめられることになる（二〇一九年八月『FACTA』）。

## 核合意の枠内で「抵抗」を続けるイラン

二〇一九年七月一〇日、イラン革命防衛隊の小型船五隻が、ホルムズ海峡付近で英国のタンカーの拿捕を試みたが、護衛していた英海軍フリゲート艦の警告により未遂に終わっていたことが明らかになった。

七月四日に英国がジブラルタル沖でイランの大型タンカーを「欧州連合の制裁に反してシリアに原油を輸送していた」として拿捕したことから、イランは報復を示唆していた。

七月七日、イランは警告通り、核合意で定めた上限（三・六七パーセント）を超えて四・五パーセント程度のウラン濃縮を開始したことを発表し、さらに欧州などとの協議に進展がなければ六〇日後には核合意義務停止の第三弾として、濃縮度を二〇パーセントまで引き上げ、遠心分離機の稼働数を増加させることを検討していることを明らかにした。

これに対して英独仏と欧州連合（EU）の各外相らは七月九日、イランの合意不履行に深い懸念を表明すると同時に、合意当事国が今後の対応を協議する合同委員会を「至急」開催するよう要請する共同声明を発表。イランに振り回されて右往左往している様子が明らかだった。

七月九日～一〇日にはフランスのエマニュエル・ボンヌ大統領外交顧問が急きょイランを訪問したが、イランの最高安全保障委員会のシャムハニ事務局長は「変えることができない戦略で、イランの権利が認められるまで続ける」と述べて、核合意締約国である欧州各国が有効な経済支援策を打ち出すまで「義務の停止」を続ける方針を改めて伝えた。

期限を設けてじわじわと段階的に危機を高め、米国や欧州勢に圧力をかけていくやり方は、イラン政府指導部内で入念に計画された戦略を実行していることを強く示唆していた。イランはこれまでは一方的に制裁を科されて劣勢に立たされていたが、合意履行停止を通じて危機を高めることで欧州諸国を動かし、期限を設定することでイランのペースで相手を動かし始めた。危機を煽ることでイラン側が主導権を握って〝攻め〟に転じたのである。

米国の要請で七月一〇日に開催された国際原子力機関（ＩＡＥＡ）の特別理事会で米政府代表部のウォルコット大使は「イランの行動は国際社会を恐喝して金を巻き上げようとする企み以外の何ものでもない」とイランを厳しく非難し、制裁緩和への唯一の道は交渉であり、「核恐喝を通じてではない」と述べた。

これに対してイランは、米国の合意からの脱退と制裁強化こそが問題であり、「国際社会は米国の違法な振る舞いを容認するべきではない」と強調。またロウハニ大統領はウェブサイトを通じて「外交や交渉のためのドアは完全に開かれたままだ」として、イランは核合意のすべての締約国による「合意の完全な履行」を求めているだけであり、「もし合意締約国がそれぞれの義務を履行するのであれば、イランも新たな道を進む」と述べて、イラン以外の国が合意を履行するのであればイランも核合意を履行すると説明した。

また、イランのザリフ外相は、米紙『ニューヨーク・タイムズ』との書面インタビューで、核合意とイランの立場について以下のように説明していた。

ザリフ外相は「私は今でもＪＣＰＯＡ（核合意）が核問題に関する可能な範囲で最善の合意だと思っている。いずれの締約国もこの合意のあらゆる箇所にすべて満足していたわけではない。しかし、すべての国にとっての主要な懸念事項はカバーされている。何が可能で何が可能でないのかを、交渉参加者はすべて表に出して交渉した。私たちは何かを無視したわけではない。ただ、一つの合意であらゆる相違をすべて解決することはできないという現実を受け入れ、懸案事項は後に残しておくことに合意したのだ」

トランプ大統領たちが核合意の欠陥を指摘して一方的に脱退したことに対して、長い年月をかけて粘り強く交渉して現在の核合意に漕ぎ着けた交渉担当者としての自負が感じられるコメントだ。

核合意に至るまで、米国やイスラエルとイランは、このままでは戦争を避けられないと思われるほど対立を強めていた。イランはすでに低濃縮ウランを一〇トン以上保有し、二〇パーセントのウラン濃縮の生産も大々的に行なっていた。イスラエルによる先制攻撃が噂されるなか、問題はありながらも現在の核合意に至ったのは、当時としては画期的なことだった。

その合意が危機に瀕している。ザリフ外相は、すべての締約国が合意を履行してこそ、この合意は機能するようにそもそも設計されていた、として次のように述べた。

「JCPOAは信頼に基づいてつくられたわけではない。これは明確に相互不信を認識したうえでつくられたものだ。だからこんなにも長くて詳細な条文になってしまったのだ。第三六章は、イランが西側のコミットメントを信頼できないという理解のもとでなされた合意事項の明確な例だ」

JCPOAの第三六章は紛争解決について規定されている箇所であり、もし一方が合意事項を履行しなかった時には、いかなる環境であっても、もう一方は合意を履行することを停止することが許される、となっている。
「我々は現在この合意に基づき、この第三六章で規定されたオプションを行使しているのであり、これにより米国を含むすべての関係国にとって有害な〝核合意の完全な崩壊〟を防いでいるのだ」（七月四日『ニューヨーク・タイムズ』）
とザリフ外相は説明していた。つまり、イランがとっている「合意義務履行の停止」措置は、合意の中で保証されている権利を行使しているのであり、その点においてイランはまだ合意の枠組みに従っている、合意を無視していない、とザリフ外相は主張したのである。
このようなイラン政府高官の発言からみても、イランは核合意からの脱退まではいかずに、ギリギリの線を辿りながら、米国に対して抵抗していたことがわかる。

## タンカー護衛有志連合の発足

これに対して米国のトランプ政権は、国内は選挙モードに突入していることもあり、反イラン感情をさらに煽り、支持者へのアピールを強めていた。

二〇一九年七月八日、ペンス副大統領はワシントンで開催されたキリスト教右派「イスラエルのために団結するキリスト教徒」の年次総会で講演し、エルサレムへの米大使館の移転、ゴラン高原に対するイスラエルの主権認定などトランプ政権がイスラエルのために行なった「歴史的な業績」を誇らしげに語った。

そのうえで、その総仕上げともいえる対イラン強硬策について語り、イランに対して史上最強の圧力を与えたことにより、イラン経済に大打撃を与えていることを嬉しそうに報告。この圧力に耐えられなくなったイランが核開発を再開し、米国に挑発を始めたことなどに触れたうえで次のように述べた。

「はっきりさせておこう。イランは我々の自制を決意の欠如と混同すべきではない。我々は、そうならないことを望んではいるが、米国とわが国の軍隊は、この地域にあるわが国の権益、人員や市民を守るための準備ができている」

「我々はイランがこの地域に悪影響を及ぼすことに反対し続け、彼らの経済に圧力をかけ続ける。そしてドナルド・トランプ大統領の下、米国は決してイランが核兵器を手にすることを許さない」

と述べて拍手喝采を浴びた。この年次総会には、ポンペオ国務長官やボルトン大統領補佐官も出席して似たような内容の反イラン・スピーチを行ない、会場を沸かせた。無人機撃墜への報復としてイランへの軍事攻撃に賛成した強硬派三人組は「今度こそ叩くぞ」と言わんばかりの勢いを見せたのである。

その一方で、トランプ政権はイランに対する圧力策の一環として、ペルシャ湾周辺でタンカーを護衛する有志連合をつくることで各国を巻き込む計画を進め、日本にも有志連合への参加を呼びかけた。

すでにトランプ大統領は、イランとの対立が高まるなかで中東に追加の米兵を派遣し、艦艇を送ったりするたびに「なぜ米国が無報酬で他国の航路を守らなければならないのか」「ホルムズ海峡の安全でいちばん恩恵を受けているのは日本、韓国、中国、インドネシアだろ?」と名指しでこれらの国々に対して、軍隊を出して自分たちでシーレーンを守るか、さもなければ米国の負担軽減のために金を払うべきだと述べていたので、有志連合構想は唐突でも不思議でもなかった。

この有志連合構想はその後何度も変わるが、当初の構想は、有志連合に参加する国は「警戒活動を指揮する米艦船の周辺で米艦船や自国の民間船舶の護衛にあたる」とされ、イランという脅威に対して「警戒活動」という軍事作戦を行なう米海軍の艦艇を守るミッションであった。

また、イランが原油を密輸出しようとするのを「監視」して疑わしい船があれば拿捕する作戦に加わるということになるため、七月四日に英海兵隊がジブラルタル沖でイランの大型タンカーを拿捕したような作戦を合同で実施することを想定していた。もちろん、イランからすれば「戦争行為」に値する軍事行動である。

トランプ政権は、イランに対する軍事的な圧力作戦に、協力するよう各国に求めた。「タンカー護衛の有志連合」とされたが、実質的にはイランの制裁逃れに対する監視、取り締まり強化を狙うイラン封じ込め有志連合に加わるかどうかが問われた。イランに対する締め付け作戦に参加し、イラン強硬派を抑止し、万が一有事発生の際には米軍を支援する軍事作戦に加わるように、各国に要請したのである。

## オバマ政権時代の国防長官が語るイランの脅威

このように緊張が高まる米国とイランの状況を、実際に米国の政権の中枢にいた元政府高官はどう見ているのか。オバマ政権時代に国防長官を務めたレオン・パネッタ氏のインタビュー記事が、独誌『デア・シュピーゲル』（二〇一九年七月二日）に掲載された。

「現在の湾岸地域の状況はどのくらい危険なのか？　実際に戦争の可能性はあるのか？」との同誌記者の質問に対し、パネッタ元国防長官は、

「危険な状況だ。両サイドが緊張を高めているのは疑いようがない。米国は制裁を強化し続けているのに対し、イランは無人機を撃墜するだけでなく、ホルムズ海峡でタンカーを攻撃することさえ厭《いと》わない状況だ。言うまでもなくこれ以上緊張が高まれば、一方の側が計算違いや判断違いを起こし、ヒューマンエラーを起こして結局戦争になってしまう可能性も高くなる」

と答えた。

「もし米国がイラン国内のターゲットに攻撃を加えた場合、何が起きるのか？　たとえそれが限定的な空爆だったとしてもそれが大規模紛争に発展するのは避けられないのか？」という質問に、パネッタ氏は、

「私が国防総省にいた時は常にそのような見積もりを立てていた。万が一、我々がイラン国内のターゲット、それがミサイル施設であろうとほかの施設であろうと叩いた場合、イランは必ず反撃する。ミサイルを湾岸諸国の我々の軍事基地に向けて撃つのか、イスラエルに対してなのかはわからないが、文字通り反撃してくると想定していた。イランはかなり効果的なミサイル・システムを持っているからだ」

と述べている。また、それ以外の手段についても、「イランはいくつもの方法をとることができる。彼らはガザ地区のハマスやイエメンのフーシー派のような代理勢力に攻撃を指示する能力を有していて、この地域のどこかで攻撃を仕掛けることができる。イランが報復しようと思えば、彼らは本当にたくさんのオプションを持っている。だから米国が単純にイランのどこかのターゲットを空爆して、それによる代償を支払うことなしに済むという状況にはならない」

と断言した。

実際に最近までペンタゴンのトップを務めていた人物が、このような発言をしているのである。米

軍が一発でもイランに対する攻撃をすれば、戦争のエスカレーションは避けられない可能性が高いのである。

## 戦争に巻き込まれたくない――中東諸国の新たな動き

二〇一九年七月以降、米国とイランの緊張が高まるなかで、イランの周辺国も外交的な動きを活発化させた。

七月九日、カタールのタミム首長がワシントンを訪問し、トランプ大統領と首脳会談を行なった。カタールは、米国から航空機、ジェットエンジンを購入し、米国企業と石油化学施設を建設する計画に合意するなど、巨額の取引を成立させてトランプ大統領を喜ばせた。

またカタールは、中東における米空軍最大の拠点であるアル・ウダイド空軍基地に居住施設やレクリエーション施設を増設するプロジェクトに一八億ドルを投資することに合意。トランプ大統領はタミル首長に謝意を述べた。

米国とイランの対立が強まるなか、サウジアラビアと断交しイランと関係の深いカタールは、米国の怒りを買わないようにトランプ政権との関係を維持・強化した動きだと考えられる。ただし、トランプ大統領との会談の中でサウジアラビアを批判することは忘れていなかったので、米国との関係は強化しながらも、サウジアラビアとの関係修復はしないというスタンスは崩さなかった。

そのカタールは、ヨルダンとの関係修復にも成功していた。二〇一七年七月、ヨルダンはサウジアラビアやアラブ首長国連邦（ＵＡＥ）に同調するかたちでカタールから大使を召還して、カタールとの外交関係を格下げした。

しかし、ヨルダンはここに来てカタールとの外交関係修復に動き、両国は相互に大使を派遣し、外交関係の正常化を発表したのである。

実際には二〇一八年六月、経済状況が深刻になったヨルダンに対し、カタールが五億ドルの緊急支援を提供し、カタール国内でヨルダン人向けに一万人の雇用を提供するなどの支援をした頃から、両国の関係は改善の方向にあった。

サウジアラビアやＵＡＥの圧力を受けて、これまでは反イラン、反カタール同盟に与していたヨルダンだったが、カタールとの関係修復を正式に宣言したことで、サウジアラビアを中心とする反イラン連合にも綻びが出ていることが明らかとなった。

また七月八日には、ＵＡＥがイエメンに派遣している部隊を縮小させることを発表した。サウジアラビアとＵＡＥはこれまでもイエメン紛争をめぐって利害調整に苦労してきた。イエメン北部からの攻撃で直接的な被害を受けるサウジアラビアと、フーシー派からの直接的な脅威にさらされていないＵＡＥとは、そもそもフーシー派に対する脅威認識に大きなずれがあった。

UAEは、この部隊縮小について、サウジアラビアとの調整・合意のうえでの決定としているが、UAEがイエメン駐留部隊を縮小させることは、サウジアラビアにとっては大きな打撃と考えられた。

UAEは、万が一米国がイランを攻撃した場合、自国がイランによる攻撃の最前線に立たされることを認識して、反イラン連合から距離を置こうとしているのだった。イランに一定の圧力をかけて孤立させるのと、イランと本気で戦争をするのとはまったく次元が異なる。言うまでもなく、UAEはイランへの圧力政策には賛成だが、イランとの戦争には反対である。

こうした危機感を反映してUAEは自ら緊張緩和に向けて動き始めた。七月三〇日、イランとUAEの沿岸警備当局者がテヘランで会合を開催し、二国間の海洋安全保障協力を強化することで合意したとの発表がなされたのである。七月以降、両国政府高官は、ペルシャ湾の海洋安全のために両国の沿岸警備隊の協力について協議をしていた。

イランの国営メディアによれば、両国の沿岸警備隊は、海上の国境警備や商船の航行、違法な活動の取り締まりなどについて協議したという。

この事実を伝えた米紙『ウォールストリート・ジャーナル』によれば、両国がこの種の公式協議を行なったのは二〇一三年以来で、実に六年ぶりのことだという。当然、両国政府は昨今のペルシャ湾をめぐる米国とイランの緊張やイランによる英国のタンカー拿捕を含めた情勢についても協議したことだろう。

トランプ政権がイランへの圧力を最大限まで高め、それにイランが反発して緊張が高まるなか、万が一戦争に発展してしまった場合、その最前線として巻き込まれる可能性の高いＵＡＥが、七月以降サウジアラビアと距離をとりはじめ、緊張緩和に向けて動き出す兆候が見られていたが、このＵＡＥ政府高官のテヘラン訪問も、そうした流れの一環と考えられた。

ここまでペルシャ湾地域の緊張が高まったことで、ＵＡＥがより中立的な立場をとることで、イランからの攻撃のターゲットにされることを避けようとしたとしても不思議ではない。「戦争に巻き込まれたくない」という力学が強く働いているのである。

危機が強まれば、各国がそれぞれの利益に立ち返り、さまざまな動きを見せてくるのは自然の流れである。イランもそうした周辺国の動きを予想して危機を煽ったと思われる。イランの抵抗戦略と米国の圧力政策で危機がエスカレートするなか、反イラン同盟内の足並みの乱れや中立的な立場をとろうとする動きなど、新たな動きが活発になっていった。

## エスカレートする革命防衛隊の挑発

二〇一九年七月一〇日、イランは英国タンカーの拿捕を試みて失敗に終わったが、その九日後の一九日、イラン革命防衛隊がホルムズ海峡で「英国の石油タンカーを拿捕した」と発表した。

同日、米国防総省はサウジアラビアの米軍駐留を再開させると発表した。駐留先は首都リヤド南東にあるスルタン王子空軍基地で、米メディアによるとすでに五〇〇人程度が駐留を開始しているということだった。サウジアラビア政府も米軍部隊の駐留受け入れを表明した。

この英国タンカー拿捕の数時間後に、米中央軍司令部は、タンカー護衛のための有志連合「センチネル（番人）作戦」の構想を正式に発表した。この作戦は、中東の主要な海路の自由な航行を守るために監視と警戒を強化することが目的で、イランに対する敵対的な軍事作戦だとは述べていない。

同作戦は「海洋の安定を促進し、アラビア湾、ホルムズ海峡、バブエルマンデブ海峡やオマーン湾といった公海における安全な航行を保証し、緊張をやわらげることだ」とされた。当初、メディアで報じられたような米艦艇の護衛は任務に含まれず、あくまで自国の船舶の護衛と、この海域の安定のための協力や調整を促進する作戦であることが強調された。

この英タンカー拿捕事件が起きる前日の一八日には、米海軍がイラン軍の無人機を撃墜する事件も発生していた。

その日、六隻の米海軍艦艇が示威行動のためペルシャ湾を航行していた。これは南シナ海でやっている「自由の航行作戦」のようなもので、この海域でのプレゼンスを示し、イランの行動を抑止しようとしていたと思われる。

米海軍の艦隊に対し、イラン軍の非武装のヘリコプターが近くまで飛行し、その後方からイラン海軍の軍艦が接近してきた。米海軍の標準からするとあまりにイランの軍艦が接近したため、米軍側がヘリコプターを飛ばしてイラン海軍に離れるように警告した。

報道によれば、イラン海軍側はこれに対して無人偵察機を近くまで飛ばしてきたため、米軍側が電波妨害をして撃墜したという。米軍側は、ミサイルではなく電波妨害という手段を使うことでエスカレーションを避けようとしたと説明した。

軍どうしの小競り合いが、ここまで頻繁に発生している状況は異常である。このペースで「ニアミス」が続けば、意図せずに衝突に発展するリスクも高まる。

## より大胆な行動をとるイラン強硬派

英国タンカーの拿捕を狙ったイラン側の意図は、先に英国がイランの大型タンカーを拿捕したことに対する報復と考えるべきだろう。米国の制裁に協力するかたちでイランに圧力をかけてきた英国に対し、その代償を払わせる。「圧力」に対してイランは「最大限の抵抗」で返すという意味である。

もちろんイランは戦争を求めているわけではない。しかし、イランと同じように周辺国や欧州諸国がこの地域で戦争を起こされたら困ると考えている以上、イランの挑発行動は周辺国や欧州勢を動かすという点では効果的であり、それゆえイランは危機を煽り続けるのである。

米ブルッキングス研究所のシニア・フェローでイラン問題専門家のスザンナ・マロニー氏は「ペルシャ湾岸地域で危機を煽ることは、欧州諸国のより効果的な外交を引き出すうえで役立っている」と述べている。

また「イランは再選キャンペーンを開始したトランプに対し、原油価格の高騰やさらにカネのかかる中東における泥沼の軍事介入といった、国内の支持基盤に対して彼が避けたいと考えているシナリオを思い出させている」と指摘し、イランがトランプの足元を見ながら危機を煽っていると分析しているが、筆者の見方もまったく同じである。

トランプ政権は、軍事的圧力を強めれば、イランの挑発行動を抑止できると考えていた。しかし、これまでのイラン側の行動を見て明らかなように、いくら圧力を強化しても彼らの行動を抑制することはできなかった。それどころか、イラン革命防衛隊をはじめとする強硬派はますます反発を強めて大胆な行動をとるようになっていった。

英国はこの政治的力学について米国よりはるかに理解が深いため、この状況になっても米国と一緒にイランに圧力をかけることには消極的であった。英国はイランとの対立が激化しているにもかかわらず、「核合意からは離脱しない」として米国との立場の違いを強調していた。

もちろんロウハニ大統領やザリフ外相も外交的な解決の道を探り続けていた。七月二三日、ザリフ外相は、ニューヨーク訪問中にトランプ大統領と近いランド・ポール上院議員と接触し、「米国がイラン産原油の禁輸制裁を解除すれば、二国間関係は改善される」とのメッセージを伝えたことが明らかになった（『共同通信』）。

イランが強硬策を取り下げ、核合意の履行に戻る条件は、原油の禁輸制裁、少なくとも全面禁輸の解除である。イランが「戦略的忍耐」から「最大限の抵抗」戦略に切り替えた最大の理由は、米国がイラン産原油の全面禁輸に踏み切ったことだ。

そうであれば、もしトランプ政権が「イラン産原油の禁輸制裁を解除すれば」関係改善に向かう可能性はあった。だが、それは米国の大統領にとって非常にハードルの高い要求である。

「北朝鮮に対してはあんなに妥協しているではないか」と多くの日本人は疑問に思うはずだが、米国にとって北朝鮮とイランは大違いである。多くの米国民にとって、イランは北朝鮮に比べてはるかに「悪い国」だと認識されている。

このため、イランに少しでも妥協する、弱腰を見せるような政策をとることは、とくに大統領選挙を前にしたトランプにとって命取りになりかねない。

七月二二日、イランの情報省は、米中央情報局（ＣＩＡ）がイラン関連の情報を収集するためにつくったスパイ網を壊滅し、イラン人のスパイ一七人を逮捕したと発表した。このスパイたちは、イラン国内で核開発や軍事、インフラなどの情報収集活動にあたっていたとされた。

どこまで真実なのかは不明だが、イランがさまざまな手を使って米国に対する嫌がらせをしていることは間違いなかった。トランプ大統領は「イランはトラブルだ」と述べて、イランのしつこさに嫌気がさしている様子を見せたが、イランの「攻撃」はまだ始まったばかりだった。イランがさらにもう一段危機を高めた時、トランプ大統領がどんな手段をとるのか。その懸念がさらに高まった。

## ペンタゴン元イラン分析官の戦争シナリオ

このような厳しい情勢認識を持っているのは筆者だけではなかった。米国の有力外交評論誌『フォーリン・アフェアーズ』の二〇一九年八月号に『制御不能な戦争―イランとの衝突はまたたく間に地域紛争へ拡大する』という記事が掲載された。

著者は、米国の元国防副長官室イラン担当分析チーフで、現在はシンクタンク「新アメリカ安全保障センター」中東安全保障プログラムディレクターを務めるイラン・ゴールデンバーグ氏である。

同氏は「この数年でみると、いまイランとアメリカの緊張はピークに達している」と述べ、戦争のリスクが高まっていることを指摘し、万が一戦争に発展してしまった場合のシナリオを具体的に書いている。

「おそらくはボルトンを別にすれば、関係プレーヤーの中で戦争を本当に望んでいる者はいない」

と述べ、トランプ大統領やイラン側も含めて関係者はみな戦争を避けたいと思っている。「問題は、それでも戦争になりかねないことだ。ともに戦争を望んでいないとしても、誤算、間違ったシグナル、そしてエスカレーション・ロジックゆえに、小さな衝突が地域的な大混乱を引き起こし、イラン、アメリカ、中東に壊滅的なダメージを与える恐れがある」と警鐘を鳴らした。

「紛争が起きるとすれば、それは、中東における米関連資産に対する小規模な攻撃、それもイランによるものと明確に判断できない攻撃によって誘発されるはずだ」

「イランとつながりがあるイラクのシーア派武装勢力がイラクの米軍駐留部隊の車列を攻撃して数多くの犠牲者がでることも、イランのエージェントがペルシャ湾で、石油の流失事故につながるようなオイルタンカー攻撃を遂行することも考えられる」

とゴールデンバーグ氏は書いている。これらの攻撃で米国側に人的被害が発生した場合、トランプ大統領は懲罰的な行動をとらざるを得なくなっていく。

「トランプ政権は、イランの攻撃を受ければ、アサド大統領が化学兵器使用後の二〇一七年と一八年にシリアのターゲットを攻撃したようにイランの複数の軍事サイトを攻撃する」「すでに中東に展開している米空・海軍を投入して、イランの港、そしてイラン領内にあるシーア派の訓練施設を空爆」する可能性があるという。

もちろん、トランプ大統領は全面的な戦争を狙っているのではなく、懲罰的な限定攻撃のつもりで

ある。これに対してイランは、

「アフガニスタン、イラク、レバノン、シリア、イエメンの傀儡勢力を利用できるだけでなく、バーレーン、クウェート、カタール、サウジアラビア、UAEの米軍基地をターゲットにできる弾道ミサイルを保有している。機雷や対艦ミサイルでホルムズ海峡を脅かし、世界の原油価格を高騰させることもできる。後方撹乱やサイバー攻撃、特殊部隊であるコッズ部隊による作戦行動で、サウジの石油生産の多くを停止に追い込めるし、世界各地のアメリカの資産をターゲットにすることもできる」

と述べてイランの軍事能力を過小評価していない。イランは、米国側が限定的な攻撃に留めようとしても、そうなるとは限らない。

「一回限りの米国の攻撃を、イラン側は大規模な軍事作戦の始まりと誤認するかもしれない。互いの防衛的措置が相手には攻撃的な措置に見えてしまう」恐れがあることをゴールデンバーグ氏は懸念している。

## 軍事衝突はまたたく間に地域紛争に拡大

「米軍が何隻ものイラン軍の艦艇を撃沈し、港や軍事訓練施設を攻撃すれば、イラン側は機雷を敷設し、ペルシャ湾を航行するアメリカの船を攻撃する」「イランの傀儡勢力は数十人のアメリカの兵士、労働者、外交官を殺害し、テヘランはバーレーン、サウジ、UAEの米軍基地を攻撃し、限定的なダメージを与えようとする。（中略）こうして、短期間で全面戦争へエスカレートしていく」

とゴールデンバーグ氏は予測する。

さらに、米国側が空爆作戦だけで終わらず、大規模な地上兵力を送る軍事作戦にまで踏み込む可能性にも言及している。

「ペンタゴンは、米軍部隊がさらなるイランの攻撃にさらされないように、大がかりな作戦の実施を提案する。ボルトン補佐官とポンペオ国務長官はこのプランを支持し、トランプ大統領も屈辱的な事態を回避するには大規模な攻撃しかないと考え、これを承認する。こうしてアメリカは、中東の基地に一二万の兵力を送り込む（筆者注、一二万といえば、二〇〇三～〇八年に米国がイラクに派遣・展開した一五～一八万の兵力に迫る規模だ）。米空軍の爆撃機はイランの通常戦力を空爆するとともに、ナタンズ、フォルドー、アラク、イスファハーンの核施設の多くを破壊する」

最終的には米軍が大規模部隊を投入して短期間で米軍が圧倒することになるが、「そうなる前に、イランはパワフルで全面的な反撃を試みる」

と予測する。たとえばイランは、

「機雷を増やし、多数の小型ボートでペルシャ湾の米戦力を攻撃してくるはずだ。ミサイル攻撃、サイバー攻撃、その他を通じて、湾岸の石油施設の後方撹乱を試み、数週間、数か月にわたって世界

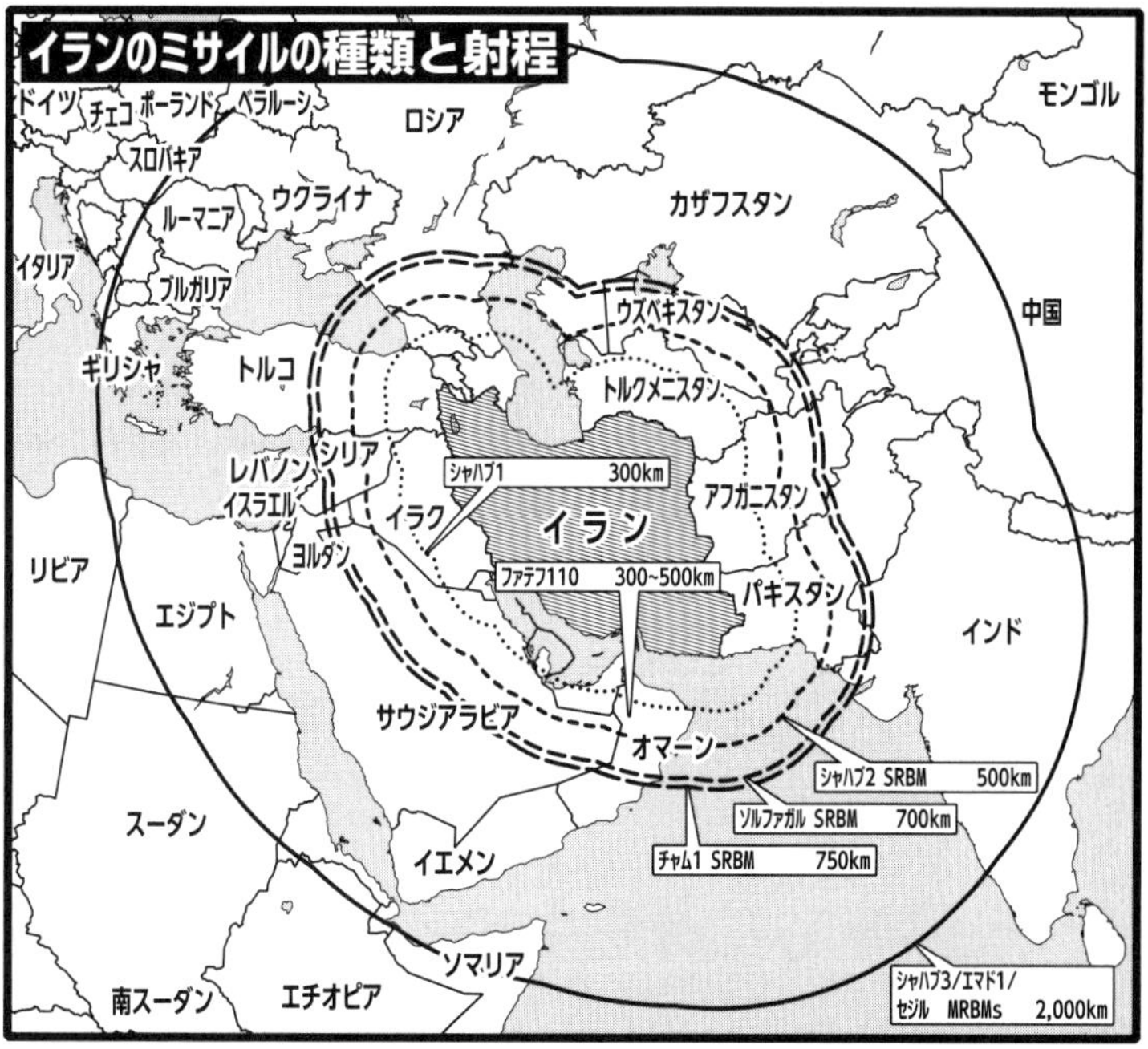


の原油価格をおそらく一バレル一五〇ドル（筆者注、二〇一九年一〇月時点で五〇ドル台後半）、あるいはそれ以上高騰するかもしれない。イランは米軍基地に向けて可能な限り多くのミサイルを発射する。その傀儡勢力はアフガニスタン、イラク、シリアの米軍部隊を攻撃し、イエメンのフーシー派はサウジに対するロケット攻撃を強化する。さらに世界中のアメリカ大使館や軍事施設をテロ攻撃の対象にするかもしれない」

「ヒズボラへの大きな影響力を持つイランは、一三万発のロケットを用いてイスラエルを攻撃するよう（ヒズボラに）求めるかもしれない。そうした攻撃は、イスラエルの防衛システム『アイアンドーム』を無力化する。結局、イスラエルはヒズボラが掌握するレバノン南部、そしておそらくはシリア南部へ侵攻せざるを得なくなる」

このように、ゴールデンバーグ氏はイランが各地に維持している代理勢力の能力を総動員することで、またたく間に地域紛争に発展する可能性があることを鋭く指摘している。

もちろん、ここで同氏が述べているのは最悪のシナリオだが、この「最悪」に至るまでの距離がかつてないほど近くなっているのも事実である。

## 少しずつ増える有志連合の参加国

二〇一九年八月一五日、英領ジブラルタルの自治政府は、七月四日に拿捕したイランのタンカーを解放したことを明らかにした。

このイラン・タンカー「グレース1」について、米司法省は米裁判所が差し押さえ令状を発付したとしてジブラルタル自治政府に対して解放しないよう要求していた。しかし、「グレース1」の拿捕は〝欧州連合（EU）の制裁に違反してシリアへ原油を輸送しようとした〟疑いによるものであり、「イランのタンカーはシリアに向かわないとの確証を、ジブラルタル当局がイラン政府から得た」ことから、これ以上タンカーの拘束を続ける正当な理由はなくなったと英政府は説明した。

ジブラルタル自治政府は「米国ではなくEUの法律に従う」と発表。「グレース1」は「エイドリアン・ダリア1」に船名を変更してジブラルタルを八月一八日に出港しギリシャに向かった。

ポンペオ米国務長官は、イランのタンカーの解放について「とても残念だ」と不満を表明し、ギリシャ政府に対し、同タンカーを受け入れればテロ組織への支援と見なすとして強く警告した。「このタンカーを支援しようとするいかなる努力も、米国が指定する外国テロ組織（FTO）への支援と見なされ、罰金やビザの剥奪、それに収監されるリスクがともなうことになる」

米国にとっては手痛い〝英国政府の非協力ぶり〟だったが、この間、米国による対イラン包囲網が少し前進した。八月一九日、中東のバーレーンが、ホルムズ海峡などの海洋安全確保を目指す米主導の有志連合への参加を表明したのである。同日までにハマド国王がマッケンジー米中央軍司令官と会談し、参加の意思を伝えた。

バーレーンは、対イラン包囲網を進めるトランプ米政権に対して、アラブ諸国の中で最も協力的な国の一つであり、同国の有志連合参加に違和感はない。バーレーンは英国に次いで、この有志連合に参加を表明した二つ目の国家となった。

また、八月二一日にはオーストラリアも有志連合への参加を表明した。同国のスコット・モリソン首相は「米国の対イラン圧力キャンペーンに加わるわけではない」としたうえで、オーストラリア向けの原油の一五～一六パーセント、石油製品の二五～三〇パーセントがホルムズ海峡を通過しており、潜在的に同国の経済に対する脅威となるとの認識から、「海上交通の自由」のために有志連合に参加すると説明した。

もっともモリソン首相は、有志連合への協力は限定的なものであり、二〇一九年末まで哨戒機を派遣し、二〇二〇年一月から六か月間フリゲート艦を派遣するとしている。すでに同フリゲート艦は別のミッションで中東方面に派遣されている。

米国とオーストラリアは八月上旬に外務・防衛閣僚どうしの協議を開催し、米国側が有志連合への参加を強く要請したという。イランへの圧力政策に加わり、中東不安定化に加担したくないという考えと、米国との同盟維持のギリギリのバランスのなかで、オーストラリアは六か月間の限定的参加という、極めて中途半端なかたちでの参加を決定したものと推測される。

本来、いかなる軍事作戦であっても、目的があって実施するわけであり、その目的が達成された時点で任務が完了になるが、「海上交通の自由」という目的のための任務を六か月間の期間限定で実施するというのはまったくナンセンスで、米国への「お付き合い」以外のなにものでもない。

まさに苦肉の策であるが、それでも今回のオーストラリアの決断は、イランを不快にさせることになったことは間違いない。内容はともあれ、参加国が増えれば米主導の有志連合の国際的な正当性を高めることにつながり、短期間であろうと「自分たちの海」と見なすホルムズ海峡近辺に軍艦が入ることは、イランにとっては不愉快なことだからである。

米主導の有志連合への参加国が少しずつであっても増えていくことに、イランは苛立ちを覚え、ペルシャ湾地域の緊張を高めることにつながっていった。

## 激化する米・イラン「代理勢力」間の衝突

米・イラン間の対立、緊張は水面下で続いていたものの、二〇一九年八月に入ってからの数週間は表面的には穏やかであった。ただし、イランの支援を受けるイエメンのフーシー派によるサウジアラビアへの攻撃が激しさを増しており、米国の同盟国であるイスラエルによるイラン系シーア派民兵組織への攻撃も密かに激しさを増していた。

八月一七日、サウジアラビアのファリハ・エネルギー産業鉱物資源相は、サウジ東部シェイバー油田内の天然ガス施設が無人機攻撃を受け、施設で出火したものの、負傷者は出なかったと発表した。シェイバー油田はアラブ首長国連邦（UAE）との国境に近くにあり、フーシー派は無人機一〇機で攻撃したとサウジ側は主張した。これに関してフーシー派は、イエメンへの空爆を繰り返すサウジへの報復だと強調した。正確な被害状況は定かでないものの、フーシー派が千キロ以上離れたUAEとの国境近くまで複数の無人機を編隊飛行させ、一定の被害を与えたのは間違いないものと思われた。

米シンクタンクFDDの調査によれば、サウジアラビアは二〇一五年から一八年末までにフーシー派から、計二〇〇発を超える弾道ミサイル攻撃を受けたという。ただ二〇一九年一月以降、弾道ミサイルによる攻撃は減少し、その代わり無人機を使った攻撃が増加した。

フーシー派は二〇一九年に入ってから約半年間でサウジアラビア国内に五七回、無人機による攻撃を行なった。そのほとんどを占める三二回の攻撃はサウジ南部、イエメンとの国境に近いアブハ空港、ナジランおよびジザンの地方空港が狙われており、八回は同国南部のハリド国王空軍基地が攻撃された。

フーシー派の使用している無人機は、イランが開発している無人機と酷似し、ほかの兵器開発と同様、無人機の開発もイランが支援していると考えられている。

二〇一九年六月一四日、フーシー派は公開した宣伝でサウジアラビアやUAEの民間人に対して「安全のために空港や軍事施設を避けるように」と警告を与えており、戦略的な施設を狙う意図を公にしていた。

こうした標的の中には石油施設も含まれ、今回の攻撃でフーシー派は、千キロ離れた標的まで無人機で狙えるという能力を示したことになる。とくに一〇機の無人機を同時に飛行させて攻撃した点は重要であり、この種の攻撃が今後どの程度の頻度で行なわれるかに注目が集まった。

シェイバー油田が攻撃を受けた翌日、サウジアラビアが主導する連合軍は、イエメン北部サーダ州のフーシー派の拠点を空爆。この大規模空爆は同州マランで八波にわたって行なわれ、同州の別の地点へも四波が実施されたと報じられており（『共同通信』）、サウジ側の危機感が現れていた。

フーシー派がリヤドの空港やサウジ東部の石油施設を頻繁に攻撃するような事態が続き、サウジ側に大きな被害が発生した場合、イランとの紛争に発展する可能性も懸念された。イランがフーシー派の攻撃の背後にいると仮定すると、「イラン原油輸出ゼロ」に対する報復として、今後、サウジの石油施設に打撃を与えるような攻撃が増える可能性があった。

また、八月二〇日にはイラクの首都バグダッド北方約八〇キロのバラド空軍基地近くで複数の爆発があったことが伝えられた。爆発はイランが支援するシーア派民兵組織の武器貯蔵庫で起きたとされた。

これに対して、多くのシーア派民兵組織を束ねるイラクの人民動員部隊（ＰＭＦ）は「米国の許可の下、四機のイスラエルの無人機がイラク領空内に侵入し、爆撃を行なった。我々は最初から最後まで責任を負うべきは米軍であり、今後発生する事態の責任を彼らに負わせる」（『アラブ・ニュース』）と米国を強く非難した。

この攻撃についてイスラエルのネタニヤフ首相は、攻撃を行なったことを否定せず、「我々は必要であればどこであろうと行動をするつもりであり、すでに行動している」と述べ、イランの脅威を除去するために場所を問わずに武力を行使する意思を明確にしていた。

イスラエルはすでにシリア国内では二〇〇回以上の攻撃をしていたが、ここに来てイラク国内のイラン系民兵組織の拠点に対する攻撃も行なうようになっていた。言うまでもなく、米・イラン間の緊張が高まるなかでのイスラエルの攻撃は、イラン系勢力による米軍への報復につながり、それが米軍によるイラン攻撃に発展する危険を高める可能性があった。

米・イランが直接的に衝突しなくても、こうした周辺地域での紛争のエスカレーションが、米・イラン間の軍事的緊張を高め、最悪の場合には衝突にまで発展する危険があることを改めて認識させる事件であった。

## 再び高まる米・イラン間の緊張

この間もトランプ政権はイランに圧力をかけることしか考えていないようだった。圧力をかければ最終的にはイランは退かざるを得ないという前提の下、さらに強い圧力をかけてイランをギブアップさせるというのがトランプ政権の狙いだった。

二〇一九年八月二〇日、ポンペオ米国務長官は、米政府が五月にすべての国によるイラン産原油の輸入を禁止したことで、それまでに日量約二七〇万バレルのイラン産原油が世界市場から排除された、と得意げに発表した。

ポンペオ長官は米ＭＳＮＢＣのインタビューに対し「我々は約二七〇万バレルの（イラン産）原油を市場から排除することに成功した。テロリズムを世界中に拡散するためのイランの資金源を断ちながら、原油市場の供給を完全に保つことができた」として、米政府はこうした戦略を継続できると確信していると述べた。

英ロイター通信が報じたところによれば、イランの七月の原油輸出は日量約一〇万バレルで、天然ガスの副産物であるコンデンセート（超軽質原油）を含めても日量約一二万バレルに過ぎないところまで落ち込んでいるとのことだった。

トランプ政権は「イラン原油輸出ゼロ」に向けてイランを着々と経済的に追い詰めていた。日量一〇万バレル程度の輸出ではイランは到底やっていけるはずがなく、このような状況を受け入れられるはずはなかった。

八月二一日、ロウハニ大統領は「もしイランの原油輸出がゼロまで減らされるようなことがあれば、国際的な海路がそれ以前と同じように安全であることはないだろう」と警告した。

これは、イラン政府高官がこれまでに何度も繰り返し述べてきたことであり、「イランが原油を輸出できない状況になるのであれば、イランが支配するホルムズ海峡を通過して他国が原油を輸出できる状況を許さない」という主張を改めて明らかにしたに過ぎない。

同二一日、イランのザリフ外相は欧州諸国が核合意の義務の履行を怠っているとしたうえで、「テヘランによる核合意の履行義務停止の第三弾は前回のものより強力なものになる」と述べた。

イランは、欧州諸国がイランに対する救済措置、具体的にはイラン産原油をどこかに売れるような仕組みをつくらない限り、義務履行停止措置の第三弾に進むと警告し、その措置が「前回よりも強力なものになる」と述べたのだ。

この後、九月の期限を目前に控え、フランスのマクロン大統領が具体的なイラン救済策を提案し、その実現のために米国とイランの直接交渉の仲介に乗り出す。しかし、それでも制裁解除に応じないトランプ政権に対し、イランは外交ではなく危機を高める〝抵抗戦略〟の第二弾を展開することになる。

次章では、世界を戦争の瀬戸際まで追い詰めるイランの大胆不敵なサウジアラビア攻撃と、焦りを見せるトランプ政権の迷走、そして、衝突コースに向かう米・イラン間の攻防を詳細に見ていきたい。

# 第7章　軍事衝突に向かう米国とイラン

## フランスが仕掛けた米・イラン首脳会談

二〇一九年九月四日、イランのロウハニ大統領は「核合意履行停止の第三段階の措置として、核関連研究開発の制限を全廃する」と発表し、核合意に基づいて停止していた核開発を一部再開させた。

イランは、この第三弾の措置として、ウラン濃縮を二〇パーセントまで引き上げることを選択肢に含めていた。もしウラン濃縮のレベルを二〇パーセントまで引き上げれば、兵器級の九〇パーセントまでの工程の半分以上を終えるとされており、核爆弾一個の製造に必要な時間、いわゆる「ブレークアウトタイム」を一気に縮めることになり、核合意は破綻を免れなかった。

しかしイランは、二〇パーセント濃縮ウランについて「今は必要ない」として見送り、核合意維持に尽力する欧州諸国との外交交渉の扉を閉ざさない決定を下した。

前述したように、五月八日、ロウハニ大統領は核合意の履行を一部停止する方針を表明し、第一段階として低濃縮ウランの貯蔵量を同合意で制限されていた三〇〇キロを超えて貯蔵することに踏み切った。そして六〇日後の七月七日に核合意で三パーセントあまりに制限されてきたウランの濃縮度を、四・五パーセント程度まで高める決定（第二弾）を発表した。

少しずつ合意履行停止のレベルを引き上げて同合意を破綻の危機に追い込むことで欧州諸国に圧力をかけ、制裁緩和の方法を提案するよう求めたのであった。

この時イランが二〇パーセント濃縮を見送り抑制的な対応に止めたのは、期限内に救済策がとられなかったとはいえ、フランスが制裁緩和策を前進させ、トランプ大統領から妥協を引き出すことに成功しつつあるように思われたからであろう。

八月二六日までフランスで開催された主要七か国首脳会議（G7サミット）で、議長国フランスのマクロン大統領は、トランプ大統領に米・イラン首脳会談を呼びかけ、トランプ大統領も同日の会見で「環境が整えばロウハニ大統領と会談してもよい」と発言したことから、米・イラン首脳会談の可能性に対する期待が一気に高まった。

マクロン大統領はイランのザリフ外相をサミットの場に招いて個別に会談するなど、米・イラン間の緊張緩和に向けて積極的に動いた。マクロン大統領は、イランに対する一定の原油輸出を認め、その代わりにイランに核合意を順守させることをトランプ大統領に説得したとされる。フランスは、イランが少なくとも日量七〇万バレルの原油を輸出できるようにすることや、一五〇億ドルの融資を柱とした金融支援を提案したとされている。

この時、マクロン大統領とトランプ大統領に加え、両国の財務大臣も加わってこの案について議論がなされ、トランプ大統領はムニューシン財務長官にこの案について引き続き検討するよう指示したと伝えられた。

トランプ大統領はサミット後の記者会見でも、イランが米制裁でこうむった損害について、数か国が信用供与などのかたちで補塡する案を検討したことを認めており、対イラン制裁の事実上の緩和を容認するかのような発言を行なった。この時トランプ大統領は、周囲が困惑するほど、イランに対する柔軟な姿勢を見せたのである。

イランのロウハニ大統領も、ザリフ外相のフランス電撃訪問後の八月二六日の会見で「国益を守るためにあらゆる手段をとる。そのために会談に臨むこともいとわない」と発言し、誰との会談かは明言しなかったものの、トランプ大統領との首脳会談に臨む意思があることを強く示唆した。

トランプ政権は、ニューヨークで九月下旬に開催される国連総会に合わせ、トランプ大統領とロウハニ大統領による初の首脳会談開催を正式にイランに打診し、九月二五日を軸に調整したい考えを明らかにしたことで、米・イラン直接対話への期待が高まった。

イランとの新たな戦争は、海外における米軍の活動縮小を訴えてきた自らの公約に反し、再選には大きなマイナスになる。トランプ大統領がイランとの交渉に前向きな姿勢を見せ始めたことは、トランプ氏が〝イランとの軍事衝突を避けたい〟と本気で思っていることを強く示唆していた。

## 制裁を強化し続けたトランプ政権

この間、トランプ大統領はイランのロウハニ大統領との首脳会談に前向きな姿勢を見せはしたものの、米政府はイランに対する制裁を緩和させるどころか、次から次に新たな制裁を打ち出した。

九月三日、米国務省はイランによるミサイル開発を阻止するためと称して、イラン宇宙機関と二つの研究所を制裁対象に指定した。米国内に保有するイランの民間宇宙機関の資産が凍結され、米国人との取引も禁じられることになったが、同機関が制裁対象に指定されたのは初めてのことだった。

また米政府は九月四日、イランの革命防衛隊や関連組織による資金調達や制裁違反を阻止するため、摘発につながる情報提供に対して総額一五〇〇万ドル（約一六億円）の報奨金を出すことも発表した。さらに米財務省は同日、イラン革命防衛隊の対外特殊工作機関「コッズ部隊」がシリアのアサド政権などに原油を届ける輸送網を構築していたとして、イランやレバノンの個人一〇人とインド企業など一六団体を制裁対象に指定したことも発表。財務省高官は「イランの代理勢力によるテロ行為や、アサド政権による罪のない市民への残忍な行為を直接支えるものだ」と述べて、イランを強く非難した。

米財務省は、コッズ部隊のソレイマニ司令官を含む高官らがこの密輸の輸送網全体をコントロールし、アサド政権やレバノンのヒズボラなどに原油を届けていたことを暴露。二〇一九年の春だけでもこの輸送ルートを通じて、イラン産の原油約一千万バレルがシリアに運ばれたほか、コンデンセート（超軽質原油）なども供給され、インド企業がタンカーの手配を行なっていたという（『共同通信』）。

イランとの首脳会談には反対しないが、制裁は解除しないというのがトランプ大統領の基本的なスタイルである。米・イラン首脳会談に向けて緊張緩和に向かうと期待が高まったが、トランプ政権が立て続けに制裁を強化したことで、イランが態度を硬化させるのは間違いなかった。

フランスが提案した「一五〇億ドル金融支援」策も、結局は米国が制裁緩和を容認しない限り先に進まない。これに関して九月四日に米国務省のイラン担当の特別代表のブライアン・フック氏は「イランに対する制裁を緩和するつもりはない」と断言し、トランプ米大統領も五日、フランスのマクロン大統領に対し、イランに対する制裁を「現時点では解除しない」考えを伝えたことが明らかになった。

トランプ大統領は、敵対国を経済制裁で苦しめて疲弊させ相手を屈服させたうえで、米国に有利な条件でディールを結ぶということを理想としていた。おそらくトランプ大統領は、イランがこのシナリオに沿って交渉を求めてきたと勘違いしたのかもしれない。

トランプ大統領はこの時期、イランとの交渉に前のめりになり、九月一〇日には、対イラン最強硬派のボルトン大統領補佐官を解任し、イランにメッセージを送った。

しかし、ロウハニ大統領は八月二七日に「米国が違法で不公正な対イラン制裁を解除するのが先決だ」と強調し、米国がイランに対する制裁を解除しない限り、「前向きな動きはない」と明確に述べていた。ザリフ外相も同じく「ロウハニ氏とトランプ氏の会談は想像できない」と述べて楽観的な見通しをきっぱりと否定した。

イランは〝制裁解除なしに米国との交渉はない〟と繰り返し主張していた。イラン人は公言している原理原則を簡単に変える人たちではない。しかも米政府はザリフ外相、イラン革命防衛隊やハメネイ最高指導者まで制裁対象に指定して最大限の圧力をかけ続けている。このような状態のままでイランがトランプ大統領との首脳会談に応じるはずはなかった。イランは、フランスの提案した救済案の実現性に見切りをつけて、再び強硬策をとってくる可能性が高かった。

トランプ大統領は、再選を狙っていることから中東での新たな戦争は回避したいと考えており、そのことが最大の〝弱点〟になっている。イラン側はこの点を十分に認識したうえで、トランプ大統領を苛立たせる作戦に乗り出した。

実際、イランのジャハンギリ第一副首相の外交・経済問題のアドバイザーを務めるサデク・アルフセイニ氏は「この黄金の機会の窓は、次の一〇年間には決して来ないだろう。ここからがイランにとってゲームの始まりだ。米国で選挙が近づいていることは、トランプとのゲームを進めるうえでめったにないカードをイランに提供している」と述べていた（『ニューヨーク・タイムズ』）。

フランスの制裁緩和提案に期待したイランだったが、制裁解除が実現しないのであれば、再び強硬策に進むしかなくなる。トランプ大統領が戦争回避を望むなら、イランが望む制裁解除を認める必要がある。それを米国が拒み続けるのであれば、イランは〝戦争か？制裁解除か？〟の究極の選択に、トランプ政権を追い込むまで危機を高める賭けに出てくることが予想された。

## サウジの石油施設を無人機攻撃

二〇一九年九月一四日、世界を震撼させる驚愕の事件が発生した。

サウジアラビア東部アブカイクにある国営石油会社サウジアラムコの世界最大規模の石油施設と首都リヤド東方のクライス油田が、無人機などによる攻撃を受け、サウジの石油生産能力の半分が一時的に停止したのである。

イエメンの親イラン武装組織フーシー派が犯行声明を出したが、一八日、サウジアラビア国防省は、攻撃に使用されたイラン製の無人機や巡航ミサイルの残骸を展示し、合計一八機の無人機と七発の巡航ミサイルによる攻撃だったことを公表。七発の巡航ミサイルのうち標的に命中したのは四発で、残りの三発は標的を外して着弾したことも明らかにした。

またサウジ政府は「無人機やミサイルは北方のイラクやイランの方角から飛来しており、イエメンのある南からではない」と述べてフーシー派の主張を否定。この攻撃は「疑いようもなくイランに支援されたものだ」と述べた。

同日、ポンペオ米国務長官もイランによる攻撃だと断じ、「サウジへの直接の戦争行為だ」とイランを強く非難した。状況証拠やこれまでのイランの米国に対する「最大限の抵抗戦略」の文脈から考えても、イランが関与したと考えるのが妥当である。

米中央情報局（ＣＩＡ）のイラン分析官だったスティーブ・ウォード氏はこの攻撃について、次のように分析した。

「イランの目的は、米国の最大限の圧力作戦による非常に厳しい制裁から何らかの救済を獲得することだ。イランの最高指導者がワシントンとの交渉を排除していることから、彼らの目標は欧州諸国、中国やほかの国々を動かすことだろう。イランが世界のエネルギー安全保障や経済を脅かすことに対する恐れから、何らかの救済策を出さざるを得ないように欧州諸国らを駆り立てることだ」と述べた（九月二〇日『The Cipher Brief』）。

要するにイランは、敵対する米国との戦争の危機を高め、サウジの石油施設を破壊して世界経済を脅かすことで〝それが嫌ならばイランに対する経済制裁を緩和しろ〟と迫り、「戦争か？ 制裁緩和か？」の究極の選択を米国やほかの関係国に突きつけたのである。

しかも今回イランは、恐ろしく大胆な方法でサウジアラビア石油産業の心臓部を狙ってきた。これまでサウジアラビアが米国から莫大な金額を費やして購入した各種の高価な防衛システムの監視網をかいくぐり、サウジで最も重要な石油施設を正確に破壊し、同国の石油生産の半分を、一時的とはいえストップさせたのである。

五月以降、米国はイラン近海に空母機動部隊を派遣し、周辺国にミサイル防衛システムや戦略爆撃機を追加配備し、サウジアラビアには米軍を駐留させてイランに対する軍事的圧力を強め、イランの行動を抑止しようと努めてきた。しかし、こうした米軍のプレゼンスは、イランの行動を抑止できなかっただけでなく、サウジにとって死活的に重要な石油産業を守ることもできなかったという現実を見せつけた。

逆に言えば、イランは、米国がいくら軍事的な圧力を強めても抑止されることはなく、サウジ経済に壊滅的なダメージを与える攻撃を加えることができる能力があることを証明したことになる。

サウジアラビアにとっては悪夢のような事態であった。しかもそれに追い打ちをかけるように、トランプ政権の冷めた対応がサウジに衝撃を与えた。

攻撃直後、ポンペオ国務長官は、「これは前例のない攻撃であり、サウジアラビアの国家安全保障を脅かすだけでなく同国に住む米国民の生命も危険にさらすものだ」として「甘受することはできない」と口先だけは激しかったが、「イランによる攻撃を抑止するために国際的な連合を集結させなくてはならない」と述べただけで、軍事的な報復を示唆することはなかった。

さらにトランプ大統領に至っては「私は新たな紛争に巻き込まれることを望んでいない」と発言し、この事件への対応はサウジアラビアが主導的役割を果たすべきとの見解を早々に発表してしまった。しかも、

「サウジ人は我々に守って欲しいと言っているが」「これはサウジアラビアに対する攻撃で、我々に対する攻撃ではない」と言い切ってしまった。

これは事実上、米国がサウジアラビアを守る義務はないと言ったに等しい。米国がサウジの防衛に責任を持ちサウド王家を守るというのが、過去半世紀の米・サウジ同盟の「暗黙の了解」であった。もちろん、両国の関係はこれまでもギクシャクを続けてきたが、ここまであからさまに「同盟」の義務を米国が放棄したことはなかった。

過去のいかなる米国大統領も、これほど戦争回避の意思を明確にしたことはない。オバマ前大統領

でさえ「あらゆるオプションがテーブルの上にある」と述べるのが通例であり、常に軍事オプションを排除しないニュアンスを残して発言していた。

「この大統領はどの国とも戦争をしたくない人物だ。どの国ともだ。（中略）この大統領は他国との戦闘行為を回避するためだったら何だってやるだろう」と上院外交問題委員会の委員長を務めるアイダホ州選出のジェームズ・ライシュ議員が述べたのは印象的であった。

## 幻の米・イラン首脳電話会談

トランプ大統領がどれほど戦争を回避したがっていたかを示す興味深いエピソードがある。トランプ政権は八月末の段階で、九月二五日に米イラン首脳会談をニューヨークで開催することを打診していたが、九月一四日にサウジ石油施設への攻撃があった後も、引き続き首脳会談に前向きな姿勢を見せていた。

そしてイラン側が首脳会談に消極的であることがわかった後でさえ、せめて首脳どうしの電話会談だけでも実現しようとギリギリの調整がなされたのである。米誌『ニューヨーカー』（電子版九月三〇日）が、幻に終わった米・イラン首脳電話会談の舞台裏をスクープした。

同誌によれば、水面下でこの外交調整を進めていたのはフランスのマクロン大統領だった。マクロン氏は、九月二四日午後九時三〇分に、当時ニューヨークを訪問中だったロウハニ大統領とトランプ大統領との電話会談を行なうべく、精力的に両者に働きかけをした。

トランプ大統領は合意したものの、ロウハニ大統領がなかなか首を縦に振らなかったため、英国のジョンソン首相、日本の安倍首相も個人的にロウハニ氏に働きかけを行ない、トランプ大統領との電話会談に応じるように説得を試みたという。

フランス政府の技術チームが、ロウハニ氏が宿泊していたニューヨークのミレニアム・ヒルトンホテルとホワイトハウス間を特殊なセキュリティの施された電話でつなぎ、米・イラン首脳電話会談の準備を整えていたという。

マクロン大統領が両者に提案したのは、米・イラン首脳会談の実現のために四つの項目について、両首脳がまずは口頭で合意することだった。四項目には、米国とイランの双方の要望がすべてではないが盛り込まれていた。トランプ大統領が求める〝イラン核合意に代わる新たな合意〟、すなわちイランが核開発を永久に制限することを含めた合意に向けた協議にイランが合意することや、イラン側が求める米国による制裁の解除、それにイエメン紛争の終結やペルシャ湾の航行の安全についても触れられていた。

フランスが米国とイランの間を取り持とうと努めたのは、今回が初めてというわけではなかった。トランプ大統領は二〇一七年と二〇一八年の国連総会の時にも、フランス経由でロウハニ大統領に首脳会談を呼びかけていた。

また二〇一九年七月には、トランプ大統領のゴルフ友達でもあるケンタッキー州選出のロン・ポール上院議員が、トランプ大統領から託されたホワイトハウスへの招待状をザリフ外相に手渡していた。

前述した二〇一九年八月にフランスで開催されたG7サミットでも、ザリフ外相との会談を調整するようにマクロンに求めたのはトランプ大統領だった。もちろん、これらすべての呼びかけを拒否し、かたくなにトランプ大統領との接触を拒み続けてきたのはイランの方である。

トランプ政権は、二〇一九年だけで少なくとも一六にのぼる新たな制裁をイランに科していた。イランは、米国が新たな制裁を加えるたびに「米国がまず制裁を解除しない限り話し合いには応じない」と言い続けてきた。

「首脳会談に応じれば米側は制裁解除に応じると言っている……」「トランプ大統領はすべての制裁を解除することに同意している……」。フランスやほかの欧州諸国からも、こうした米政府のメッセージがイラン側に送られたが、結局ロウハニ大統領はトランプ大統領との電話会談に応じることはなかった。

九月二四日午後九時三〇分、マクロン大統領はホワイトハウスとのホットラインを準備したホテルの一室でロウハニ大統領の到着を待ち、ホワイトハウスではトランプ大統領が電話を待ったが、ロウハニ氏はついに現れなかったという。

翌二五日、ロウハニ大統領は国連総会で演説し次のように述べた。

「米国は制裁を解除すべきである。そうすれば交渉開始のための道が開ける」

そしてトランプ政権は同日、イラン政府高官の家族の米国滞在を認めないとする新たな対イラン制裁を発表した。

国連総会の舞台裏で起きていたこの外交劇は、トランプ大統領がイランとの交渉に前向きであり、戦争ではなくイランとの間で新たな合意を結びたいと考えていること。イランは、米国が先に制裁を解除しない限り交渉には応じないという方針を一ミリたりとも動かすつもりがないことを、改めて浮き彫りにした。

## 軟化姿勢を見せ始めたムハンマド皇太子

結局、米政府がサウジアラビアに対する「前例のない攻撃」への報復として打ち出したのは、イラン中央銀行を制裁対象にしたこと、サウジへの米兵二〇〇人の追加派遣やミサイル防衛システムの追加配備などにとどまった。

この攻撃でイランは、米国がサウジアラビアをどこまで助ける用意があるか、その意志も試していたのかもしれない。もしそうだとすれば、この米国の姿勢を見て、イランはさらにサウジを攻撃するチャンスだと見なす可能性は十分にあったと言える。

その危険を誰よりも感じたのはほかならぬサウジ自身であろう。

九月二四日、米CBS放送の番組（放送は二九日）でインタビューに応えたサウジアラビアのムハンマド皇太子は、同国石油施設への攻撃の責任がイランにあるとしてイランを非難したものの、「政治的・平和的解決の方が軍事的解決よりもはるかによい」と述べて、イランに対して軍事的対応を望まない姿勢を鮮明にした。

さらに同皇太子は、サウジアラビアとイランの戦争について「世界のエネルギー需要の三〇パーセント、世界貿易の二〇パーセント、世界のGDPの四パーセントをこの地域が占めており、（戦争は）これら三つの停止を意味し、世界経済は崩壊する」と述べて、戦争を望まないと断言した。

これまでイランに対して非常に好戦的な姿勢を示し、中東における反イラン包囲網構築の先頭に立ってきたサウジアラビアのムハンマド皇太子が、イランに対する姿勢を軟化させ、対立緩和に向けて政策をシフトさせたことが明らかだった。

これに続き、一〇月四日付の米紙『ニューヨーク・タイムズ』は、サウジアラビアが密かにイラクやパキスタンを通じてイランとの話し合いを要請していると報じた。同紙は、サウジアラビアがイランとの対話に前向きな姿勢をとりだしたのは、サウジ石油施設への攻撃にもかかわらず、トランプ大

ムハンマド皇太子は、サウジ石油施設攻撃後、戦争を回避するため、イランとの対話を模索した。（shutterstock）

統領がイランに対する報復を避けたことから、サウジアラビアは自分たちでイランとの紛争解決の道を模索せざるを得なくなったからだ、とのアナリストの見解を伝えた。

『ニューヨーク・タイムズ』の報道に対してサウジアラビア政府は、イラクとパキスタンが、イランとサウジの仲介の提案をしてきたと説明し、ムハンマド皇太子の側からイランとの対話を働きかけたという点は強く否定したという。

しかし同紙は、パキスタン政府高官によると「戦争を避けたい」としてパキスタンのイムラン・カーン首相にイランとの話し合いの仲介を求めたのはムハンマド皇太子だったと報じている。カーン首相は九月にサウジアラビアのジェッダ市を訪れてムハンマド皇太子と会談。またその数日後にサウジを訪問したイラクのアブデルマフディ首相に対しても、同皇太子はイランとの仲介を要請し、イラクの首都バグダッドを会談の開催場所にできないかとの打診をしたことを、イラク政府高官が同紙に明らかにしていた。

すでにクウェートやアラブ首長国連邦（ＵＡＥ）の政府高官も、緊張緩和のための政治対話が必要だとしきりに訴えており、ＵＡＥがサウジの対イラン強硬路線とは距離をとりだしていたが、ついに〝本丸〟のサウジアラビアまで軟化する姿勢を見せ始めたのである。

イランが戦争のリアルな危機を高めてきたのに対し、反イラン包囲網のボスである米国が戦争回避の姿勢を見せただけでなく、トランプ大統領が「攻撃されたのはサウジアラビアであり、米国ではない」と述べて、同盟国を守る義務を放棄してしまったのだから、この反イラン包囲網が瓦解するのは時間の問題だと考えられた。

実際にはサウジアラビアとイランの直接対話がすぐに実現する可能性は低いが、この危機を受けてサウジ側が軟化姿勢を見せ始めたこと自体が重要であり、イランはサウジの姿勢の変化をはっきりと認識したことになる。イラン側が、〝さらに危機を高めればサウジはさらに軟化する〟と考える可能性もあると言えるだろう。

イランは、米国やサウジの軟化姿勢について、イランが強硬策をとり危機を煽った成果だと見なしている可能性があった。イランからすれば、作戦は上手くいっているが、まだ〝制裁緩和〟という結果は得られていない。

だとすれば、今後イランが再びサウジに攻撃を仕掛け、危機を高める可能性が考えられた。

前述した元ＣＩＡイラン分析官のウォード氏も「イランは、自分たちの攻撃であることを否定できる代理勢力を使った攻撃を、サウジアラビアのインフラ施設やペルシャ湾の商業船舶などに対して仕掛ける可能性がある」と予測した。

## デモ・暴動拡大で対外強硬姿勢強めたイラン

しかし、ちょうどこのサウジ攻撃の直後から、イランの影響力の強いレバノンやイラクで反政府抗議活動が急拡大し、一部で反イラン暴動に発展したことから、イランはその対応に追われるとともに、米国やサウジアラビアが暴動を背後で画策・扇動したと疑い、対外強硬姿勢を強めることになった。

二〇一九年一〇月以降、レバノンとイラクで反政府デモ・暴動が発生すると、格差拡大やエリート層の腐敗に対する欲求不満を背景にまたたく間にエスカレート。両国の抗議活動はいずれも親イランの政府に向けられ、その背後にいるイランも苦境に置かれた。

イラクではイランの在外公館が焼き討ちに遭うなど反イラン感情が強まったが、イランはこうした反政府デモの背後に米国やサウジがいるとしてますます反発を強めた。

イラクで反イラン感情が拡大した理由の一つとして、同国で暗躍するイランのスパイたちの活動が、内部告発により暴露されたことがあげられる。日本ではほとんど報じられなかったが、イラン情報機関からの七〇〇頁に及ぶ内部告発文書が、情報漏洩サイト『ジ・インターセプト』に寄せられ、同サイトが米紙『ニューヨーク・タイムズ』と共同でこの文書を検証し、一一月一七日付でその一部を公開したのである。

「イラン・ケーブル」として大々的に報じられた告発文書には、二〇〇三年のイラク戦争後に、イランがいかにイラクの主要な政治家や治安機関と緊密な関係を築き、この国を裏で牛耳ってきたかが生々しく綴られていた。

同文書は、イラン内務省情報機関MOISに所属する諜報員たちがイラクでの活動について本国に送った報告書で構成されていた。ある報告書では、アブデルマフディ首相について「サダム・フセイン政権時代にイランに亡命していた人物で、二〇一四年に石油相だった時にイランと特別な関係をつくった人物」と記されていた。

「特別な関係」の意味は定かでないが、二〇一八年にアブデルマフディ氏が首相に就任した際には、イランと関係が近く米国にも受け入れ可能な人物と評された。

イラン情報機関にとって、イラクの政治指導者との緊密な関係をつくるのは重要な使命の一つである。アブデルマフディ氏をはじめ、前アバディ政権時代のほとんどの閣僚、軍や治安機関の幹部とも「秘密の関係」を構築したことが報告されていた。

またイランは、イラクにおいて米国に対する激しいスパイ活動を展開した。とくに二〇一一年末に米軍がイラクから撤退すると、イラン情報機関は米軍や米中央情報局（ＣＩＡ）に仕えた現地のエージェントたちを次々に雇い入れ、ＣＩＡの秘密基地や極秘活動の情報を入手していったという。

さらにイラク軍の将校たちから米軍の使用するパソコンなどの電子機器、盗聴システムや各種の文書、マニュアルなども提供されており、米国との情報戦で優位に立っていたことが記されていた。

こうした背景から考えれば、イランがこの時イラクで起きていた反政府デモを、米国による反イラン・キャンペーンの一環として捉えたとしても不思議ではない。

米国はイランがアブデルマフディ首相の後継選びに介入することを警戒し、シェンカー国務次官補は、コッズ部隊のソレイマニ司令官がすでに後継の首相選びに関与していると非難した。デモ激化の背後で、米・イランの暗闘は激しさを増したのである（二〇二〇年一月『ＦＡＣＴＡ』）。

そして、続く一一月中旬には、イランでもガソリン値上げに抗議する反政府デモが発生し、イラン全国の百都市に拡大。イラン政府は翌日からインターネットを遮断して抗議活動の鎮圧に努め、暴動の扇動者を逮捕するなどして力で抑え込んだ。

一一月一九日にイラン最高指導者ハメネイ師が行なった演説で「我々はセキュリティ戦争で敵を打ち負かした」と述べ、敵が仕掛けた謀略戦に対する勝利宣言を出した。またロウハニ大統領も「イランの国家安全保障に反する少数の敵の兵士たち」による秘密工作を打倒したとする見解を明らかにした。イラン政府当局は、扇動を焚きつけたスパイ一八〇人を逮捕したことも発表した。

今回の抗議デモに、米国などの外国勢力がどの程度関与したかは定かでないが、イラン政府のこうした主張を正当化する材料を、トランプ政権が与えてしまっていたのは間違いない。ポンペオ米国務長官は一一月一六日の時点で、抗議デモを行なっていた大衆に対する支持を表明し、「米国はあなたたちとともにある」とツイッターでコメントした。翌一七日にはトランプ大統領の報道官が「米国はイラン体制に反対する平和的な抵抗を行なうイランの人々を支持する」と公式に表明した。

こんな声明を出せば、イラン政府に〝抗議デモは米国が扇動している〟として全力で弾圧する口実を与えることになるのは明らかである。それゆえ歴代の米政権は、イラン国内で反政府デモなどが発生した際には、支持表明をするかどうか、慎重にタイミングやそのメッセージの内容などを検討するのが常だった。

一一月二二日、トランプ政権は、イラン各地でインターネットの接続制限が行なわれたことに関し、イラン政府のネット検閲や国民監視に責任のあるアザリジャフロミ通信情報技術相を米独自の制裁対象に指定したと発表した。その前日の二一日、ポンペオ国務長官は、デモ弾圧の映像や写真をツイッターに投稿して米国に提供するようイラン国民に呼びかけ、弾圧に関与した人物に制裁を科すと表明した。二二日にも「米国は抑圧的な体制に立ち向かうイランの人々の味方だ」と強調した。

ここまで言われれば、イランの現体制からすれば〝米国が反政府デモを焚きつけて現体制を打倒しようとしている〟と解釈しても不思議ではない。米国がガソリン価格の値上げにともなう平和的なデモの機会につけ込んで、政治不安を煽って揺さぶりをかけてきたとイラン側が解釈し、現政権の反米感情がさらに強まることは間違いなかった。少なくとも、イランの現体制内部で、そのように解釈する革命防衛隊などの反米強硬派の力がますます強まることになるのは避けられなかった。

## イラン「核合意履行停止」第四弾を発表

二〇一九年一一月七日、イランは核合意の履行停止措置の第四弾として、同国中部フォルドーの地下核施設でのウラン濃縮再開に踏み切った。これにより、中部ナタンズの核施設と合わせて二つの施設で濃縮を行なう核合意前の態勢に戻った。

イラン原子力庁は、フォルドーの施設で原料の六フッ化ウランのガスが遠心分離機に注入され、現地時間の七日午前零時すぎにウラン濃縮が開始されたことを明らかにした。

これに先立つ一一月四日、イラン原子力庁のサレヒ長官はナタンズの濃縮施設で稼働させる新型高性能遠心分離機「IR-6型」の数を倍増させたことも発表した。核合意の下、イランは旧型の「IR-1型」をウラン濃縮に使用し、その数も五千台に制限することが規定されていた。

イランは、九月に発表した第三弾の措置で、高性能の遠心分離機の研究開発を進めることを明らかにしていたが、サレヒ氏はこの日、ＩＲ‐１型の一〇倍の能力があるとされる新型「ＩＲ‐６型」の稼働数を、それまでの二倍にあたる六〇台に増やしたことも明らかにした。

イランは、トランプ米政権の制裁強化に対抗して「核合意の履行停止措置」を六〇日ごとに段階的に進めてきた。

ウラン濃縮度を二〇パーセントまで高める措置は今回も見送られたが、フォルドー核施設での濃縮再開という措置は、かなり挑発的な行為であり、欧米諸国の態度を著しく硬化させ、その後核開発をめぐる緊張を高めることになった。

前述したように、フォルドーの施設は、地下八〇メートルあまりの地点に建設された施設であり、核合意前にイランは、ここで約二〇パーセントのウラン濃縮を行なっていた。

これだけ地下深くに建設したのは、言うまでもなく空爆によって破壊されないことを狙ったものであり、仮にイランが核武装を目指した場合、この施設を外部から破壊することは困難だと見られている。このため、欧米諸国は、イランにこの施設を使った核開発をさせないことを大きな目標にしていた。

それゆえ二〇一五年の核合意でフォルドー核施設における濃縮活動を一五年間停止することにイランが合意したことは「大きな成果と見なされた」のである。逆に言えば、今回そのフォルドー核施設で四・五パーセントの濃縮とは言え、ウラン濃縮が再開されたことは、核合意が破綻寸前の状態になったことを意味した（中東研ニューズリポート「イラン：核合意の履行停止『第四段階』の措置を発表」二〇一九年一一月六日）。

イランのロウハニ大統領は一一月五日の声明で「我々はフォルドーに関する（欧米諸国の）懸念を承知している。もし彼らが（核合意の）義務を履行するのであれば、我々はいつでもこの措置を撤回することができる。知っていると思うが、我々は相手側が義務を履行しないのに、自分たちだけが一方的に（核合意の）義務を順守することはできないのだ」と述べて、イランにとっても苦渋の選択だったことを示唆した。

そのうえで「今後二か月の間に、（イランに対する）制裁を解除する正しい解決策を見つけ、我々の石油を販売し、我々の銀行で代金を受け取れる道が見えてくれば、交渉のチャンスは存在する。そうなれば我々はそれ以前の状態まで戻る準備ができている」と述べ、外交の扉は閉ざしていないことを強調した。

ロウハニ大統領はこのように述べてさらに六〇日間の期限を設けて制裁緩和を呼びかけ、米国に対しても「我々は米国が公式に（イランに対する）制裁は正しいものではない、P５（安保理常任理事国五か国）やドイツが同席する場で交渉する用意があると宣言することを求める」と述べて、米国との交渉に応じるための条件も明らかにした。

しかし、この第四弾の措置は、欧州諸国を米国寄りにシフトさせ、イランの国際的な孤立を強める可能性が高かった。

イギリスのラーブ外相は「フォルドー再開のステップは英国の国益に対する脅威だ」とコメントし、ドイツのマース外相も「さらなる核開発は核合意を崩壊させる」としてイランに警告した。フランスのマクロン大統領もイランのこの決定に強い懸念を表明し、フォルドーでの濃縮再開は「イランが明示的かつ無制限のかたちで初めて核合意の枠組みからの離脱を決めた根源的な変化だ」と述べた。

イランは欧州勢に対してさらに六〇日間の期限を設けて制裁緩和への外交努力を促したが、これ以降、欧州勢はイランに対する圧力政策の方向に進み、それにイランが抵抗を示すことで核危機が強まる可能性が高いと考えられた。

## バグダッドの米国大使館襲撃事件

そして一一月以降、米国とイランの緊張が再び高まっていく。

一二月五日、米国防総省のジョン・ルード国防次官は「イランの脅威に変化が見られる」として、中東にさらに数千人規模の増派を検討していることを明らかにした。

また同日、米国務省でイラン担当特別代表を務めるブライアン・フック氏は、一一月二五日に米海軍がアラビア海で大量のイラン製武器を積んだ小型船を拿捕したと発表した。同小型船には高性能の兵器、巡航ミサイルや対空ミサイルのパーツなど、イエメン紛争が始まって以来、米海軍が押収した中で最も洗練された兵器類が積まれていたと述べた。

さらに米メディアは、米情報機関からのリーク情報を元に、イランがイラク国内に短距離弾道ミサイルを持ち込み、密かにミサイルの集積基地を構築していることを伝えていた。ルード国防次官は米議会での証言で「イランが近い将来攻撃をしてくる可能性があることを懸念している」と述べ、米CNNも〝米情報機関がイランによる米軍に対する新たな脅威に関する警告を発している〟ことを伝えた。

そして一二月三日にはイラク中西部アンバル州のアル・アサド空軍基地にロケット弾五発が撃ち込まれ、五日には北部サラハディン州のバラド空軍基地に迫撃砲弾二発が撃ち込まれる事件が発生した。いずれの基地にも米軍部隊が駐留しているが、負傷者などの被害はなかった。

続く一二月九日には、首都バグダッドの国際空港に隣接する軍事基地にロケット弾四発が撃ち込まれ、イラク軍兵士六人が負傷。この基地にも米軍部隊が駐留しており、被害が発生したのは米軍とともに対テロ作戦に従事するイラク陸軍の精鋭対テロ部隊の隊員たちだったと伝えられた。

それ以前の軍事施設に対する攻撃では、死傷者が発生することはほとんどなく、警告的なものが多かったが、このバグダッドでの攻撃では、米軍が訓練し育成してきたイラク軍の対テロ部隊の隊員が負傷しており、イラン側が挑発のレベルを一段階引き上げてきたことを物語っていた。

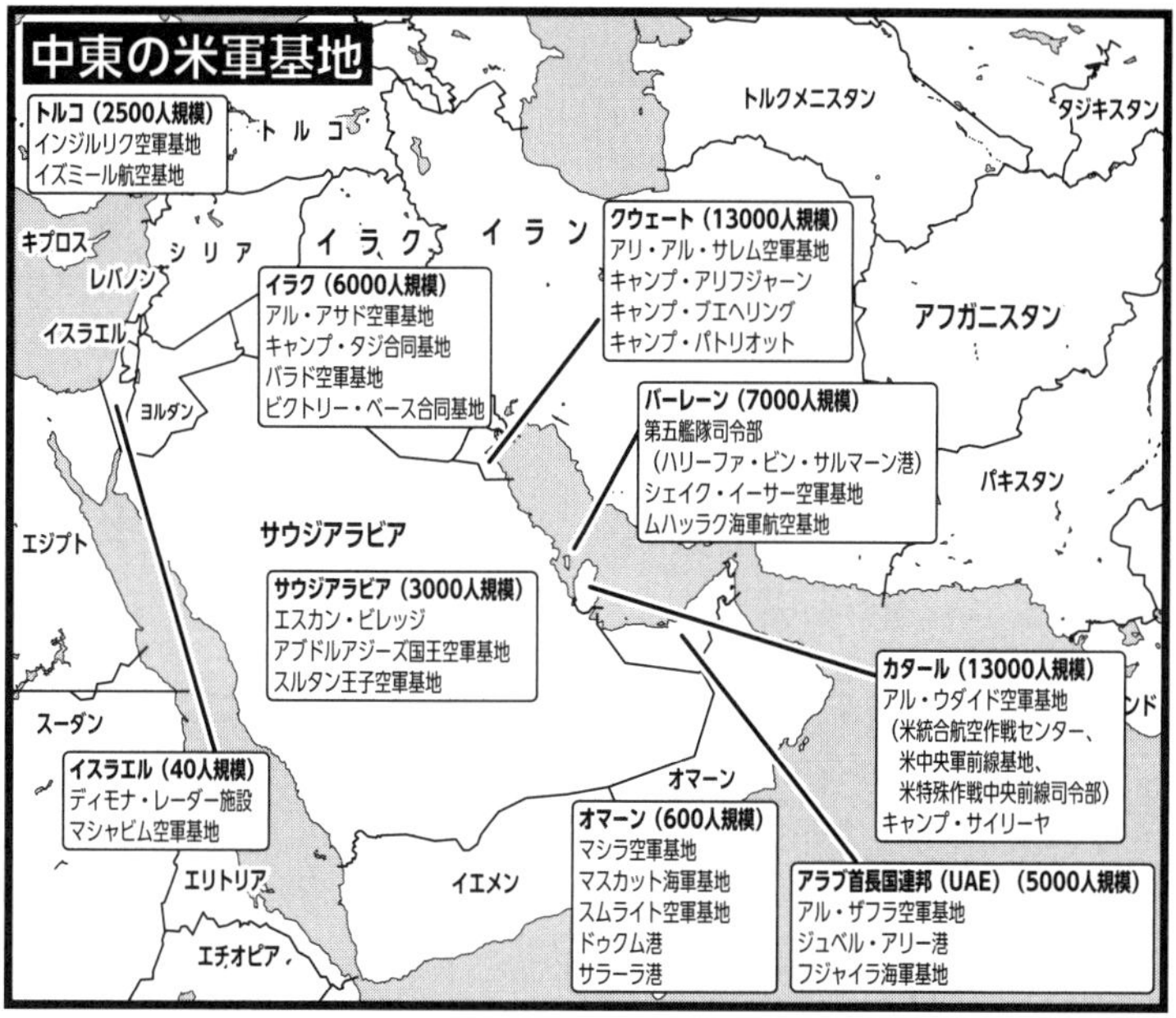


American Security Project, "U. S. Military Bases and Facilities in the Middle East"等を参考に作成。

米軍がイランによる攻撃の兆候を察知して増強を進め、それに合わせるように攻撃が増えていったのは、二〇一九年五月の危機とまったく同じパターンだった。当時は米軍施設だけでなく、石油タンカーなど石油関連施設に対する不審な攻撃が相次いだ。

中東地域を管轄する米中央軍のケネス・マッケンジー司令官は、一一月末に行なわれたインタビューで、イラン系勢力による「懸念される活動」のパターンを察知していることを明らかにし、「米国の軍事的な対応を挑発する攻撃を仕掛けてくる可能性が高い」との認識を示していた。

そして、ソレイマニ司令官暗殺につな

がる一連のエスカレーションの引き金となる二〇一九年一二月二七日のイラク北部キルクークにあるイラク軍基地への攻撃へと続いていく。

この日の現地時間午後七時二〇分頃、米軍が駐留しているキルクークのイラク軍基地に約三〇発のロケット弾による攻撃があり、その数発が基地内の弾薬庫を直撃し大爆発が発生した。

この基地には約百人の米兵が駐留していたが、この攻撃で米兵の通訳として同基地に駐在していた民間の米国民間人一人が死亡し、米兵四人が負傷した。

これは過去二か月間にイラクの米軍基地に対して行なわれた一一回目の攻撃だったが、米兵を含む米国民に直接被害が出た初めてのケースだった。

犯行声明などはなかったが、これまでのパターンから米軍側は、親イラン派のシーア派民兵組織「カタイブ・ヒズボラ」の犯行だと断定。その背後にイランがいると判断した。

米政府はイラク政府に犯人逮捕を迫ったが「証拠がない、イスラム国（ＩＳ）の可能性もある」として取り合ってもらえなかったことから、その二日後の一二月二九日、米軍はイラクとシリアの国境をまたいで設けられているカタイブ・ヒズボラの基地にＦ‐15Ｅ戦闘機による空爆作戦を実施し、イラク人民兵二五人を殺害、二〇人以上を負傷させた。

この攻撃は、米軍が対イスラム国（ＩＳ）作戦のために二〇一四年にイラクに再駐留を始めて以来、イラクのシーア派民兵組織に対して行なわれた初めての攻撃であり、米軍がそれまでの基準とは異なる「一線を越えたゲーム」を始めた瞬間だった。

この攻撃に対して、イラクのとりわけシーア派の政治指導者たちの間で激しい反発が沸き起こった。アブデルマフディ首相自身「イラクの主権侵害」だとして強く米政府に抗議し、シーア派の有力な宗教指導者シスターニ師もこの米軍の攻撃を厳しく非難。シーア派の政治家たちは「米軍をイラクから追い出すべき」と主張して反米感情を強めた。

こうした反米感情の高まりを受けて一二月三一日にはバグダッドの米国大使館の襲撃事件が発生した。主にカタイブ・ヒズボラのメンバーと見られる数千人の暴徒たちが、バグダッドの米大使館を攻撃した。攻撃といってもほとんどのメンバーは非武装で、大使館員の生命を狙ったものではなかった。

米国大使館は、バグダッドの中心部の「インターナショナル・ゾーン（ＩＺ）」と呼ばれる安全地帯の中にあり、通常のデモ隊であれば治安部隊に止められてＩＺ内に近づくことさえできない。しかし今回は、イラクの治安部隊がカタイブ・ヒズボラのメンバーたちを止めることなく、ＩＺ内へのアクセスを認めていた。

カタイブ・ヒズボラは「民兵組織」と表現されているが、実際には人民動員隊（ＰＭＦ）を構成する組織であり、一応イラク国防省のコントロール下に置かれた実力部隊である。ただ、政党や政治勢力とつながっているため、警察や軍隊が取り締まりをできるような対象ではない。

米国防総省は急きょクウェートから一二〇人の海兵隊員をバグダッドに派遣して応援にあたり、クウェートには米国から七五〇人の米軍部隊を派遣すると発表した。

カタイブ・ヒズボラ側は米大使館の警備小屋を破壊して施設内に侵入してその一部を破壊したものの、主要施設には入っていない。大使館の職員たちも迅速にシェルターに避難し、人的被害は出なかった。

カタイブ・ヒズボラ側は二日間にわたって施設の一部を破壊し「米軍のイラクからの撤収を求める法案の審議を進める」約束をアブデルマフディ首相から取りつけたことで自主的に抗議デモを解散させ、大使館襲撃事件は終了した。

ちなみにこの時、米国大使館前に、数日後にソレイマニ司令官とともにバグダッド国際空港で爆殺されることになるイラクＰＭＦのアブ・マフディ・アル・ムハンディス副司令官の姿もあったことが確認されている。

## 革命防衛隊ソレイマニ司令官の殺害

一二月二九日、ちょうど米軍がカタイブ・ヒズボラの基地への攻撃を実施した日、トランプ政権の国家安全保障チームは、フロリダ州マー・ア・ラゴにあるトランプ大統領の別荘に集まり、近くバグダッドを訪問予定のソレイマニ司令官とその殺害作戦について意見交換をしたという。

この時点でトランプ政権は、挑発を強めてきたイランに対して、積極的に攻撃を仕掛けることで相手の動きを抑止する作戦へと大きく方針を転換することを決めたようである。その最初の攻撃がカタイブ・ヒズボラの基地の爆撃作戦だった。

二〇二〇年一月二日、マーク・エスパー米国防長官は「脅威（攻撃）情報を得たら、我々は米軍や米国民の生命を守るために先制攻撃を仕掛ける」と宣言し、「ゲームのルールは変わったのだ」と記者会見で方針転換について説明した。

同席したマーク・ミリー統合参謀本部議長も「三一発のロケット弾攻撃は警告ではなく、損害を与え死者を出すことを狙った攻撃だ」と述べ、イランがルールを変えてきたので米国もゲームのルールを変える、と宣言した。

トランプ政権の国家安全保障チームは、一二月二九日以降もソレイマニ司令官の暗殺作戦の是非について検討を続けたが、議論の主題は「米国が何もしないでいればイラン側は調子に乗ってやりたい放題攻撃するだろう」という点だったという。

トランプ大統領は、二〇一九年六月にイランへの軍事攻撃を直前に中止したことでネガティブな報道をされたことを気にしており、その汚名返上のためにも行動することを求めたという。

トランプ大統領は、戦争を望まない「弱い大統領だと見られている」ことに不満を持っており、ソレイマニ司令官の殺害にゴーサインを出すことで「大胆な決断を下せる大統領」として見られることを望んだ可能性は高い。

また、イラン側のこの一連の動きの背景についても英ロイター通信が新たな情報を伝えた。それによると、二〇一九年一一月以降イランが、イラクにおける対米攻撃をレベルアップさせたのは、イラクで反政府デモが拡大し、反イラン感情が高まったことを受けた動きだったという。

同年一〇月中旬にイラクのバグダッドを訪れたソレイマニ司令官は、イラク側のカウンターパートであるムハンディス司令官に、イラク国内の米軍基地に対する攻撃を激化させるよう要請し、より洗練された兵器をイランから提供したという。

ソレイマニ司令官は、米軍基地に対する攻撃のレベルを上げることで米側による軍事攻撃を誘い、米軍の空爆による被害発生を受けてイラク国民の怒りの矛先が米国に向かうことを狙ったという。

すでに一〇月前半にソレイマニ司令官は、レーダーに探知されない高性能の無人偵察機を含む洗練された兵器をイラクに搬送する手配を済ませており、これらの新型兵器を使った米軍基地の偵察活動を、カタイブ・ヒズボラに指示していた。

こうしたソレイマニ司令官の指導の下、一二月以降、イラクの米軍基地に対する攻撃は、それまでのものとはレベルの違うものに変化していったのである。

そして、米軍はそうした脅威の変化に対応して、ソレイマニ司令官の狙い通りにシーア派民兵組織への攻撃を激化させ、その結果、イラク国内における反米感情が高まることになった。そこまでは、ソレイマニ司令官の描いた筋書き通りだったと言えるだろう。

しかし、トランプ政権は、積極的な先制攻撃作戦へと切り替えるなかで、ソレイマニ司令官の殺害にまで踏み込み、一気に状況をエスカレートさせることになった。

## 報復攻撃に踏み切ったイラン

二〇二〇年一月三日のソレイマニ司令官殺害のインパクトはすさまじく、イラン政府高官は次々に「報復」について言及。イラン国内は、この事件の結果、保守強硬派も改革派も区別なく、対米報復で国民が団結したようだった。革命世代と若者の違い、社会階層の違いを超えて、米国に対する怒りが、これまで分裂し対立してきたイラン社会を一つに団結させる政治的力学が働いたのである。ソレイマニ司令官の死はそれだけのパワーを持っていた。

「イランの人々はこの犯罪的行為に対し必ず復讐するだろう」と国際協調派のロウハニ大統領も報復の必要性を公言。同三日にイランの最高国家安全保障会議も「激しい復讐が待っている」との声明を発表し、対米報復が公けの政策になった。

この状況でイランが報復行動をとらないという選択肢はなかった。

トランプ大統領は戦争を回避したいと思っているはずだったが、「ソレイマニ司令官の殺害」がイランにとっては戦争行為に等しいという理解なしに、トランプ政権はこのカードを切ってしまったようである。イランとすれば、これまでの「経済戦争」に加えて「軍事的な戦争」に米国が踏み切ってきたと見なさざるを得なかっただろう。

イラク革命防衛隊の高官は、イラン周辺の三五か所のターゲットがすでにイラン軍の手の届くところにあると述べ、ホルムズ海峡、オマーン湾、ペルシャ湾を航行する米国の艦艇やイランの弾道ミサイルの射程内にある米軍の拠点を攻撃対象として示唆した。

ただ、イランにとって最も狙いやすいターゲットは、イラクやシリアに駐留している米軍部隊である。イラク国内には約五千人、シリアには約五百人の米軍部隊が複数の基地に分散して駐留している。

イラクにおいては、イランの支援を受けるカタイブ・ヒズボラを中心とする複数のシーア派民兵組織が米軍への復讐に燃えている。とくにカタイブ・ヒズボラの民兵たちは、創設者であるムハンディス司令官が殺害されたことで、イラン以上にやる気満々であった。

カタイブ・ヒズボラは「一月五日の夜以降、イラクの米軍基地から少なくとも一キロは離れていろ」とイラク治安部隊に警告を発し、臨戦態勢に入った。

そして二〇二〇年一月八日未明、ついにイランが、米軍の駐留するイラク国内の二つの基地に向けてミサイル攻撃を行なった。これに米国が報復行動をとれば、戦争のエスカレーションは避けられない。

中東はまさに米・イラン「全面戦争」の危機に陥ったのである。

# エピローグ

## 抑制されたイラン・ミサイル攻撃

米国による報復攻撃の懸念が強まるなか、二〇二〇年一月八日未明のイランによるミサイル攻撃の詳細が明らかになり、イラン側の意図が少しずつ明らかになった。

米国防総省は、イラン国内の三か所から一六発の弾道ミサイルが発射され、米軍が駐留する二つのイラク軍基地に合計一二発が着弾したものの、イラク軍にも米軍にも被害は発生しなかったと発表した。

しかも、攻撃の直前にイランから攻撃予告の連絡がイラク軍にあり、この情報は事前に米軍側にも共有されたため、米軍側に被害が発生しなかったことが明らかになった。

イランは、イラク軍や米軍側に人的被害が出ないように配慮したかたちで攻撃を行なったのである。つまり、イランは、ソレイマニ司令官の殺害に対する報復攻撃をする必要があったものの、米兵に対する被害を抑えることで、米国からの全面的な報復攻撃を避けることを狙ったのは明らかだった。

このイランの攻撃にはいくつかの特徴があった。一つは、イラン政府が自らこの攻撃を行なったことを正式に発表したことだった。二〇一九年五月以降、さまざまな攻撃が石油タンカーや米軍基地、サウジアラビアの石油施設に対して行なわれたが、イランが自らの攻撃であることを認めたのは、同年六月にイランの領空を侵犯した米軍の無人機を撃墜した時だけだった。これはイランの領空侵犯、主権侵害という国際法的にも正当な主張が可能な事案だった。

しかし、それ以外の攻撃は、イランの関与が強く疑われるものの、イランは自分たちの犯行であることを全否定していた。代理勢力を使うことで関与を否定し、証拠をつかませないことで、敵に攻撃の口実を与えないのがイランの手法であり、このやり方を続けることで、米国にイラン攻撃の決定的な口実を与えることなく、米国やその同盟国に圧力を与え続けることができたし、それこそがイランの作戦だった。

しかし今回はイランが自ら弾道ミサイルを撃ったと宣言したことから、米国との全面戦争覚悟で報復攻撃に乗り出したのかと思われたが、実はイランはここでも米国との全面戦争を避けるため、注意深く抑制された攻撃を行なっていたのだった。

もう一つの特徴は、短距離弾道ミサイルを使ったことだ。本当に相手に被害を与えようとすれば、米軍の防空システムでの迎撃がより困難な、無人機や巡航ミサイルを使った方がよかった。無人機と巡航ミサイルの複合攻撃で二〇一九年九月にサウジアラビアの石油施設を正確に攻撃したあの攻撃手段を使えば、より確実に米軍兵舎を破壊することができたはずである。しかしそれをしなかった。

つまりイランは、米軍の防空能力を理解したうえで、あえて彼らが迎撃しやすい弾道ミサイルを使った可能性がある。これも米軍側の被害を避けようとするイラン側の配慮だった可能性がある。

イランのメディアはこの報復攻撃で米兵に八〇人以上の死者が出たと報じた。国内的には「米側に大きな被害を出した、報復攻撃は成功だった」というプロパガンダを行なったことになる。

そしてザリフ外相は、今回の攻撃が国連憲章第五一条に基づく自衛権の行使であり、「我々はエスカレーションや戦争を望んでいない」と述べ、イラン軍の参謀総長も「今回の攻撃は警告であり、米国が新たな攻撃を仕掛けてきた場合、より強力で破滅的で広範な攻撃を行なう」と述べて、米国がイランへの新たな攻撃をしない限り、これ以上の攻撃はしないことを強く示唆した。

そして、イランの最高指導者ハメネイ師も一月八日の演説で「米国に平手打ちを食らわせた」と述べて作戦の成功を称えつつ、「このような軍事行動だけでは不十分であり、重要なことはこの地域における米軍の駐留を終わらせることだ」と述べ、長期的な米国の影響力排除のために抵抗を続けると述べた。

## 「全面戦争」は回避されたが緊張は続く

今回イランは、ソレイマニ司令官の殺害という事態を受けて、国家としての報復を国民にも世界にも宣言し、「自衛権の行使」という大義名分でイラクの米軍に対して攻撃を行なった。そしてこの作戦が成功裏に終了したと政府として宣言した以上、イランからさらなる攻撃を行なうことはないと思われた。

さらにイランは、対米報復攻撃の直後に、米政府に対して「米国が反撃しなければイランは攻撃を継続しないとの書簡を出していた」（『共同通信』）ことも明らかにされた。やはりイランは何重にも慎重に米国からの攻撃を避けるための措置を講じていたことになる。

そして、こうしたイランの〝メッセージ〟をトランプ政権が受け止めて、イランへの攻撃をしないと発表するかどうかに注目が集まった。

一月九日、トランプ大統領はホワイトハウスで声明を発表。米軍に被害が出なかったことを正式に報告し、相変わらずイランへのいつもの批判を繰り返し、イランの核武装は許さないとの決意を示したものの、イランへの軍事攻撃には触れなかった。

トランプ政権は、イランの意図を理解し、イランとの全面的な戦争を避けるために一定程度緊張を緩和させることに同意したのである。ひとまず全面的な戦争に発展する危機的な状況はこれで避けられた。

しかし、これで安心することはできない。イランが米国による経済制裁で追い込まれている状況に変化はなく、経済制裁の解除がイランの最大の目標であるのに対し、トランプ大統領は新たにイランに経済制裁を科し、最大限の圧力を続けることも強調したからである。

トランプ大統領は、破滅的な戦争を回避することに興味はあっても、イランの制裁を緩和することや、核合意への復帰には一切関心を示していないので、イランが再び危機を煽る作戦に戻る可能性はある。

その際にはまた、自分たちの関与を否定できる代理勢力を使った攻撃に戻るだけである。実際、イランは「国家」としての報復攻撃は終わっても、イラクのシーア派民兵組織やレバノンのヒズボラも、報復を宣言したままで攻撃はなされていない。ソレイマニ司令官だけでなく、こうした関連組織のメンバーたちも殺害されているため、彼らがテロというかたちで米国への報復を行なう可能性は残されている。

司令官を殺害された革命防衛隊末端の隊員たちの不満も残っているはずである。イランは米国との全面戦争は避けつつも、得意とする非正規戦で米国を苦しめる作戦は引き続き継続すると考えられる。イランの「最大限の抵抗」作戦は続くのである。

状況は、全面戦争の危機が回避されただけで、基本的な対立構図に変化はない。危機の最大値が仮に一〇だとすれば、今回九近くまで上がったものが五～六くらいまで下がっただけで、引き続き緊張状態は続いている。

## 最終フェーズに突入する米・イラン危機

この米国との「全面戦争」危機の最中、イランで思いがけない大事故が発生した。イランがイラクの米軍に向けて報復のミサイル攻撃を行なった五時間後、テヘランの空港からウクライナの首都キエフに向かって離陸したウクライナ国際航空のボーイング機が墜落。イラン人、カナダ人、ウクライナ人ら乗客と乗員一七六人全員が死亡したのである。

イラン政府は当初、「技術的トラブルによる事故」だと説明したが、三日後の一月一一日、革命防衛隊が旅客機を巡航ミサイルと誤認し、防空ミサイルで撃墜したと発表し謝罪した。革命防衛隊は、米国からの報復攻撃に備えて厳戒態勢にあり、極限状態で人為的ミスが起きたと説明したが、当初政府が虚偽の説明をしたことに国内で怒りの声が上がり、政府に対する大規模な抗議行動に発展した。

制裁による経済的困窮、米国との戦争の恐怖に加え、政権が真実を隠蔽しようとしたことに対する国民の不満が噴出し、革命体制そのものに対する批判が強まり、ソレイマニ司令官殺害で盛り上がった国民の結束はまたたく間に吹き飛んでしまった。

イランのイスラム体制が深刻な正統性の危機に陥るなか、保守強硬派が外の強大な敵との危機を高めることで国内の結束を強めることを求める可能性もある。

また英仏独三か国は一月一四日に、イランの核合意違反を非難し、国連の対イラン制裁復活に道を開く手続きを開始した。今後、核合意が完全に崩壊し、イランが核開発を加速させれば、米国やイスラエルがイランの核施設を攻撃する可能性が高まる。

今回、全面的な軍事衝突の危機は回避されたものの、危機が再燃する可能性は十分にある。そして次に同様の危機に見舞われた時、米・イラン双方とも「相手は全面戦争を避けたがっている」と過信して危機をさらにエスカレートさせ、相手の意図を読み間違えて戦争に発展する可能性も否定できない。

米国によるイランへの圧力は続き、イランの抵抗も続く。イランと米国は、このままでは正面衝突する方向に互いに車を走らせるチキンレースを続けていることに変わりはない。イランも米国もわずかにブレーキを踏んで衝突までの時間を遅らせたが、進む方向はどちらも変えていない。つまりどちらかが進む方向を変えて妥協しない限り、衝突（戦争）は避けられない。

二〇二〇年、米・イラン危機は最終フェーズに突入する。

# 主要参考文献


吉村慎太郎著『イラン現代史』（有志舎、二〇一一年四月）

池内恵著『シーア派とスンニ派』（新潮選書、二〇一八年五月）

ケネス・M・ポラック著『ザ・パージァン・パズル（上下）』（小学館、二〇〇六年七月）

高橋和夫著『イランVSトランプ』（ワニブックス・PLUS新書、二〇一九年九月）

宮田律著『イラン革命防衛隊』（武田ランダムハウスジャパン、二〇一一年六月）

宮田律著『物語　イランの歴史』（中公新書、二〇〇二年九月）

ティム・ワイナー著『CIA秘録（上）』（文藝春秋、二〇〇八年一一月）

福富満久著『戦火の欧州・中東関係史』（東洋経済新報社、二〇一八年五月）

チャールズ・トリップ著『イラクの歴史』（明石書店、二〇〇四年一月）

ボブ・ウッドワード著『攻撃計画』（日本経済新聞社、二〇〇四年七月）

鳥井順著『イラン・イラク戦争』（第三書館、一九九〇年七月）

駒野欽一著『変貌するイラン』（明石書店、二〇一四年七月）

菅原出著『「イスラム国」と「恐怖の輸出」』（講談社現代新書、二〇一五年七月）

菅原出著『秘密戦争の司令官オバマ』（並木書房、二〇一三年一月）

菅原出著『戦争詐欺師』（講談社、二〇〇九年四月）

Trita Parsi, *Treacherous Alliance, The Secret Dealings of Israel, Iran, and the U.S.*, 2007, Yale University Press, New Haven and London

David Adesnik & Ben Taleblu, Burning Bridge, *The Iranian Land Corridor to the Mediterranean*, June 2019, Center on Military and Political Power

Ilan Goldenberg, Jessica Schwed, and Kaleigh Thomas, *In Dire Straits? Implications of US-Iran Tensions for the Global Oil Market*, November 2019, Columbia Center on Global Energy Policy

Anthony H. Cordesman and Abdullah Toukan With the Assistance of Max Moot, *The Gulf Military Balance in 2019: A Graphic Analysis*, November 2019, Center for Strategic and International Studies

International Crisis Group, *Iran's Priorities in a Turbulent Middle East*, Middle East Report no. 184, 13 April, 2018

*Iran's Ballistic Missile Programs: An Overview*, February 4, 2009, Congressional Research Service

*Iran Sanctions*, July 12, 2019, Congressional Research Service

*Iran: Internal Politics and U. S. Policy and Options*, August 13, 2019, Congressional Research Service

*U.S.-Iran Tensions and Implications for U. S. Policy*, September 23, 2019, Congressional Research Service

*Iran's Foreign and Defense Policy*, July 23, 2019, Congressional Research Service

*Iran Military Power, Ensuring Regime Survival and Securing Regional Dominance*, November 2019, Defense Intelligence Agency,

【ニュースサイト】

The New York Times

The Wall Street Journal

The Washington Post

The Atlantic Monthly

Financial Times

Aljazeera

Tasnim News Agency

Fars News Agency

The Cipher Brief

Geopolitical Futures

REUTERS

共同通信デジタル「海外リスク情報」

日経ＢＰオンライン

ＦＡＣＴＡ

**菅原 出（すがわら・いずる）**
国際政治アナリスト・危機管理コンサルタント
1969年生まれ、東京都出身。中央大学法学部政治学科卒業後、オランダ・アムステルダム大学に留学、国際関係学修士課程卒。東京財団リサーチフェロー、英危機管理会社役員などを経て現職。合同会社グローバルリスク・アドバイザリー代表、NPO法人「海外安全・危機管理の会（OSCMA）」代表理事も務める。著書に『外注される戦争』（草思社）、『戦争詐欺師』（講談社）、『秘密戦争の司令官オバマ』（並木書房）、『「イスラム国」と「恐怖の輸出」』（講談社現代新書）などがある。

米国とイランはなぜ戦うのか？
―繰り返される40年の対立―

2020年２月１日　印刷
2020年２月10日　発行

著　者　菅原　出
発行者　奈須田若仁
発行所　並木書房
〒170-0002東京都豊島区巣鴨2-4-2-501
電話(03)6903-4366　fax(03)6903-4368
http://www.namiki-shobo.co.jp
図版制作　神北恵太
印刷製本　モリモト印刷
ISBN978-4-89063-395-1